民衆社
SOCIAL STUDIES

1時間ごとの授業展開
応答例・板書を一体化

社会科の授業
小学3年

加藤 好一 著

社会科の授業　小学3年
もくじ

■はじめに―本書をどう使えば授業が楽しくなるか………7

■43の授業プラン―子どもが育つ授業を学習課題にそって紹介………23

No.1　まちには何があるのかな？
　　　　楽しいぬり絵たんけん地図………24

No.2　社会としぜんになかま分け
　　　　社会科は生活科とどう違うか………26

No.3　東西南北に何が見えるか
　　　　屋上からかんさつしよう（地域によっては2時間扱い）………28

　　　地域と子どもの実態に応じた学び　No.1
　　　　　ノート力や思考力をじっくり育てる　（3時間配当）
　　　　　屋上学習をどうまちたんけんにつなげるか………30

No.4　Plan A　東西南北のコースを回る場合
　　　　せつ明するのは私たち………32

No.4　Plan B　自校周辺のコースを回る場合
　　　　学校のまわりをぐるり―ホンモノの地図とくらべる………34

No.5　空の上から眺めると
　　　　通学路たんけんにつなげよう………36

　　　地域と子どもの実態に応じた学び　No.2
　　　　　地域たんけん
　　　　　いろいろな学び方があるよ………37

No.6　絵地図をつくろう①
　　　　東西南北に何がある？………42

No.7　絵地図をつくろう②
　　　　絵記号づくりからスタート………44

No.8　絵地図をつくろう③
　　　　8つのつまずきを想定して対応を！………46

　　　地域と子どもの実態に応じた学び　No.3
　　　　　空間認識の発達
　　　　　学校→自宅→学区へ広げる地図づくり………48

No.9　楽しい地図記号
　　　　子どもが答えを板書する………50

地域と子どもの実態に応じた学び　No.4
　　　　横断的学習案
　　　　高齢者"4つの交流串だんご"の1年間………52

No.10　わたしたちの市①
　　　　これは何？ここはどこ？………54

No.11　わたしたちの市②
　　　　どんな地区がどこにある？………56

No.12　わたしたちの市③
　　　　写真くらべ・わたしたちの市はどちら？………58

No.13　わたしたちの市④
　　　　市内一周　地図バスの旅………60

地域と子どもの実態に応じた学び　No.5
　　　　合科的学習プラン
　　　　「大きな数」（算数）の学びとつなげる………62

No.14　わたしたちの市⑤
　　　　モノから地区を調べよう………64

No.15　わたしたちの市⑥
　　　　見開き絵本にまとめよう　原則3時間扱い………66

地域と子どもの実態に応じた学び　No.6
　　　　地図のある教室
　　　　「他地域等とのかかわり」を知るために………68

No.16　店ではたらく人たち①
　　　　どこのお店で何を買う？………70

地域と子どもの実態に応じた学び　No.7
　　　　買い物をくわしく調べよう
　　　　3枚のシートで子どもを動かす………72

No.17　店ではたらく人たち②
　　　　コンビニ・スーパー　君はどちら？………74

No.18　店ではたらく人たち③
　　　　チラシの工夫を見つけよう………76

コラム　ノートづくりはどのように？
　　　　―チラシから学ぶ授業を例に………78

- No.19 店ではたらく人たち④
  見学に行く前に………80
- No.20 店ではたらく人たち⑤
  見学をまとめと評価につなぐ………82
- No.21 店ではたらく人たち⑥
  発表と評価を1時間でどのように？………84
- No.22 店ではたらく人たち⑦
  他の地方とのかかわりは？………86
- No.23 店ではたらく人たち⑧
  買い物の工夫………88
- No.24 店ではたらく人たち⑨
  頑張る魚店・商店会………90

地域と子どもの実態に応じた学び　No.8
　　　ポスターをつくって見学先に贈る
　　　文章が苦手でも大丈夫………92

地域と子どもの実態に応じた学び　No.9
　　　まちで行う工場見学①
　　　市街地ではどのように？………94

地域と子どもの実態に応じた学び　No.10
　　　まちで行う工場見学②
　　　観光地ではどのように？………96

- No.25 工場ではたらく人たち①
  1ぱいのお茶から………98
- No.26 工場ではたらく人たち②
  事前の学習をシートに書きこみ………100
- No.27 工場ではたらく人たち③
  見学の重点を決める………102
- No.28 工場ではたらく人たち④
  見学のまとめ・お茶ができるまで………104
- No.29 工場ではたらく人たち⑤
  遠くの人が飲むお茶は？………106
- No.30 田畑ではたらく人たち①
  まちは（　　　　　）の名産地………108

社会科の授業　小学3年
もくじ

No.31　田畑ではたらく人たち②
　　　おいしいかぼちゃをつくるには？………110
No.32　田畑の仕事ではたらく人たち③
　　　かぼちゃはどこへ？………112
　地域と子どもの実態に応じた学び　No.11
　　　畑に出かけて働く人と対話しよう
　　　学区に畑がある場合─偶然の出会いを
　　　ふれ合いと対話につなげて学習を発展させる。………114
No.33　かわってきたくらし①
　　　おじいさんが子どものころ………118
No.34　かわってきたくらし②　見学2〜3時間
　　　はくぶつかんで何をする？………120
No.35　かわってきたくらし③
　　　昔の道具をなかま分け………122
No.36　かわってきたくらし④
　　　昔の農家の生活は？………124
No.37　かわってきたくらし⑤
　　　せんたくにチャレンジ………126
No.38　かわってきたくらし⑥
　　　せんたく板とせんたくき………128
No.39　かわってきたくらし⑦
　　　時代のちがいをさぐる………130
　地域と子どもの実態に応じた学び　No.12
　　　昔のぬり絵クイズをどう使うか
　　　子どもと仕事の様子を知ろう………132
No.40　昔から今へ①
　　　お祭りの「？」をさぐる………136
No.41　昔から今へ②
　　　でんとう行事のなぞ………138
No.42　昔から今へ③
　　　話を聞いてなぞをとく………140
No.43　昔から今へ④
　　　地いきの宝を見つけよう………142

はじめに
本書をどう使えば授業が楽しくなるか

1　誰もができる全員参画の楽しい授業の方法とは？―初めて3年生を教える先生へ

　沖縄のある小学校では、本書の内容を先行実践した。学習課題№1「楽しいぬり絵たんけん地図」を学んだ子どもは、次のようにノートに記した。

　　ふりかえり　わたしは、たてものを見つけてかこむことが楽しかったです。
　　　　　　　つぎの社会が楽しみです。

　短い文に"楽しさ"が2つ。作業が楽しかった→だから次の勉強も楽しみだと子どもは述べている。学年はじめのこの授業は、立案した私とは違う教員が実践した。だが、誰が実践しても子どもは変わりなく授業を楽しんだ。楽しさを生み、その楽しさの質を高める手だてがあれば、年齢や教職経験の差等、授業の成否に何の関わりもなかったのだ。
　このように、"名人"でなくとも、誰がどの地域で実践しても、多くの子が楽しいと思える社会科の授業プランを、年間を通して提示したい。そこに本書執筆のねらいがあった。

特長1　いきいきした授業の組み立て方を資料・板書案と融合して提示
- 具体的な展開法を例示してあり、初心者にも授業のイメージが湧きやすい。
- 導入・展開・まとめに対応して資料を絞りこんであるので使いやすい。
- 授業法や着眼点を一般化してあるので、他地域にも応用しやすい。

特長2　置いていかれる子をつくらない授業技術を例示
- 授業技術は理論だけで考えると見えづらい。本書では、その技術の活かし方を授業そのままに再現しているので応用しやすい。
- 上からの指示を子どもの発見に置きかえる技術・確認の挙手・途中で言葉を切る技術等、全員を引きこむ試され済みの技術を個々の授業展開に即して紹介。

特長3　学習ルールやけじめを授業を通して順次どのように育てるかを明示
- いつどこでどんな学習ルールを身につけさせるか。その指導法を授業展開に併せて記す。
- マニュアル化せず、目の前の子どもに合わせて順次育てていくので無理なく応用できる。

1 "名人"でなくとも大丈夫！―「探す楽しさ」を「発表と対話の楽しさ」につなぐ

　では、学習課題№1「楽しいぬり絵たんけん地図」での学ぶ楽しさと何か。第一は、絵の中に「たてものを見つけてかこむ」作業の楽しさだ。「よ〜し、探すぞ」「やった。見つけたぞ！」と、まるでクイズの答えを探すように、どの子も夢中になって計11の設問をやりぬく。
　全員が参画したところで『絵から気づくことを出し合おう』となげかけ第二のステップへ。文字情報が苦手な子も大丈夫。沖縄の実践では次の7つの気づきが相互補完的に発表された。

7つの気づきから学びを深める

㋐川にアヒルがいる　㋑こまかい　㋒白黒　㋓自分たちのまちと、にているところがある　㋔しょう店がいは、お店がずらっとならんでいる　㋕人が多い　㋖おうだんほどうはしょう店がいの近くにある

　具体的で誤答がないので、誰もが安心して発表できる。「できる子」だけで授業が進まない。一見ばらばらな発言も、よく聞くと㋔㋕㋖の間につながりがある。
　そこで教師は、『㋔お店が多い→㋕だから、人が多い→㋖そこで、近くに横断歩道がある。みんなの発表はつながっているんだね』と補説を加える。『さすが3年生、友だち同士で勉強できるのはすごい』と評価したい。授業のまとめを子どもは次のように記した。

　　　　まとめ　スーパー（お店）やしょう店がいには人が多いことが分かった。

　「見つけてかこむ楽しさ」を「発表と対話の楽しさ」につなげてみんなの力で「分かる」。
　学習課題№1には、そうした楽しく学び合う授業を生む展開法や作業シート（資料）が誰もが使えるかたちで示されている。この沖縄の教師はそれを生かして『主体的・対話的で深い学び』への一歩をふみだしたのであった。

考察　『主体的・対話的で深い学び』をつくるステップとは？

①「見つけてかこむ楽しさ」を
　楽しいと思える学習機会を設けることで、子どもたちは積極的に学習参画する。この楽しいと思った体験を、教師が次に活かすことができれば、主体的な学びの実現に一歩近づけるのではないだろうか。

②「発表と対話の楽しさ」へ
　具体的で誤答のない発言機会を設けることで、子どもたちは自分の思ったことを自分らしく発表・対話できる。大人から教えられた意見ではなく、自分の考えを発表・対話することが、自立した学びへの第一歩だ。対話の力を育むには、自立心が欠かせない。

　この①と②をつなげて、**みんなの力で「分かる」**へ。
　教師には、このような指導力が求められる。

では、そうした楽しい授業の進め方をどう年間を通して例示するか。
　目標に即してずらっと内容を配列しただけでは、初めて３年生を教える先生は実践化しにくい。そこで私は、45分の授業全体を３つの過程に分けて展開法や学習ルールの育て方を例示し、それに対応した板書案と資料を見開き２ページに掲載することとした。
　つまり、生き生きした授業のつくり方＋板書案・資料の一体化を本書の特色としたのだ。さらに、各学習課題のタイトルや小見出しは他地域にも一般化できるよう次のように記した。

　　No.１４　モノから地区を調べよう
　　　　１　これは何？とれる地区は？―特産の食べ物から各地区の特色に目を向ける
　　　　２　探す➡線を引く➡読図する―郷土読本をどう使いこなすか
　　No.１８　チラシの工夫を見つけよう
　　　　１　チラシの一部分に着目して教材化―黙って提示し気づきを引き出す
　　No.３２　かぼちゃはどこへ？
　　　　１　かぼちゃは誰が食べるのか―段ボールの空き箱を資料にする
　　No.３３　おじいさんが子どものころ
　　　　１　昔の人の知恵はすごいなあ―郷土資料室や物置から「？」を生むモノを借用
　　No.４０　お祭りの「？」をさぐる
　　　　１　自分の町内のお祭りは？―行事を支える人に目を向ける

　こうすれば初心者も授業の展開をイメージしやすい。食べ物や郷土読本・チラシ・段ボールや郷土資料室の活用等は、方法さえ分かればどの地域でも実践できる。お祭りを支える人も多くの地域に存在する。そうしたモノ・ヒト・コトの生かし方を知り、地域や子どもの実態に即して日々の授業に応用すれば生き生きとした授業への道がひらける。

2 どんな工夫をしてもついてこない子に困っている先生へ

しかし、授業は生き物である。紙に書かれたプランと資料だけで全員参加の授業ができるものではない。置いていかれる子をつくらない技術を、意識して身に着けることが必要だ。私は、その具体例を実際の授業に即して本書に記すこととした。

例えば学習課題№9「子どもが答えを板書する」の事例を、分かりやすいようにイラストで説明すると次のようになる。

何気ない進行のようだが、この短時間で私は自分なりの授業技術を3つ使ったつもりだ。

1　イラスト①　指示から発見へ
2　イラスト④　確認の挙手
3　イラスト⑤　あえて結論を言わずに途中で言葉を切り、子どもたちに投げかける

次ページからこれらについて、説明していく。

イラスト①指示から発見へ

逆に、次のように教師の側から指示すると子どもたちの反応はどうなるか？

これでは、子どもは指示に従って動くただの受動態となってしまう。

ただのやらされ作業になってしまうと、子どもは関心を失い、積極的に反応しない。

教師の言動が子どもの意欲の減退を引きおこしていることに気づかないと、"早く見つけた子は積極的で真面目、のったり探している子は消極的で不真面目"と捉えることさえある。

だが、上からの指示をやめ、『載っているかな？』と投げかけると自分から探す子が増える。考えたり覚えたり話すことは苦手でも、探すのは得意な子もいるからだ。その１人がいちはやく見つけて「先生、ここにあった」と弾む声で告げたら教師もうれしい。

②のあとは、その１つの小さな輝きを、すかさず次のように大きく取り上げる。

まず教師の側から評価。

他の子どもも続々アピール。評価が拡大。

ほめながらさらによい表れを探し、『あッ、親切に友だちに教えている子もいる』『すごい、全員できた』と評価する。がんばる姿を評価されると意欲的になる子が増えていく。これこそが指導と評価の一体化だ。

教科書等の資料は、**ページを示して探させるのではなく子ども自身に発見させる**。これも１つの授業技術である。そこから以上のように授業を活性化させたい。

イラスト④確認の挙手

③〜④の場面を再録する。このように、終了した子が手を挙げ、教師がそれを確認すれば、誰ができて誰がまだできていないかを、リアルタイムで把握できる。できていない子も懸命に取りくむ。

これで各自の進度は一目瞭然。

ここで、さらに称揚と評価を次のように行う。

班から列へとさらに視野を広げる。

次々によい表れを取り上げていく。

前ページのイラスト①指示から発見への場面では、よい表れを探しながら作業に集中させること、意欲的に取り組ませることを称揚と評価のねらいとした。それに対して、このイラスト

④の場面では、確認の挙手によって学習の状況把握を評価と作業の一体化につなげるなかで、置いていかれる子を出さないことを目的とする。

教師は、つまずいている子や困っている子をピンポイントで察知できるのだから、それぞれの子どもに適した対策を考えられる。机間巡視時や授業後を使い、必要な支援や補説を加えることもできる。

終わって待っている子が、他の子を助けていれば、それを称揚することで手持無沙汰の子がいなくなって授業も締まる。

この技術のよいところは何か。それは、教室全体を漫然と見ていたのでは見逃しがちな個々の子どもの状況の差異を、視覚的に把握できる点にある。そのことは、子どもへの称揚や授業規律の育成につながり学級経営にも役立つ。教師にとっては身につけたい技術の1つではなかろうか。

年度当初から確認の挙手を習慣づけたい。

イラスト⑤あえて結論を言わずに途中で言葉を切り、子どもたちに投げかける

ここで、例えば次のように言葉を切らずに、教師が結論まで話したらどうなるか？

十分理解しきれないうちに言葉が子どもの上をすべっていく。これだけ長い文章が帯のように空中に流れたら、音としてしかとらえられない子も出てくる。

だが⑤（P10）のように『意味を知らなかったら？』と途中で切ると、「だめ」「何のことか分からない」と続きを子どもの側から言ってくれる。一方通行が参画に変わるのだ。教師はその発言に乗って『ほお～、他の人はどう思う？』と他の子に戻す。すると、「僕も同じ」『そうか。みんないいですか』「いいで～す」と教師⇔児童の応答が生まれ、さらに多くの子が参画できる。

あえて途中で言葉を切り子どもたちに投げかける技術は、子どもに戻してクラス全体で応答を活性化する技術にここでつながる。説明が長引いたり、授業が一部の子とのやりとりに陥りかけた時に、全員参加を回復させる方法として心得ておきたい。

最後に、学習課題と並行して授業を通した生徒指導について触れておきたい。

3　騒がしい学級で苦労している先生へ―かんたんなことを全員に徹底することが出発点

だが、教師が楽しい授業をしたつもりでも、子どもが騒がしくなる場合がある。学習課題No.1「楽しいぬり絵たんけん地図」に即して言えば、例えばこんな場合はないだろうか。

建物に○をつける過程では、

『やめ』と言っても作業をやめずにわいわいがやがや。

子どもは悪くない。まだ作業や学習の規律を知らないのである。そこで私は、楽しい授業の前提となるルールやけじめの育て方についても、本書でふれることとした。

児童の主体性は教師の主導があってこそ方向が定まる。けじめを形成する第一は、指示が通る状況をつくることにある。初心者であれば、学年の最初・学習課題No.1の1の学習に入る前に、『やめ！』という号令で全員が一斉に鉛筆を置くだけの練習を行うとよい。

なぜ、授業の場面と切り離して鉛筆を置くことだけを練習するのか。

二兎を追う者は一兎をも得ず。個人作業をしながらでは、子どもはそちらに気をとられて教師の指示が徹底しないからである。徹底しないので何度も繰り返すと、子どもは教師の言葉を軽く受け止めるようになっていく。騒がしいクラスほど教師は大声を出している。

考察　作業に集中しているのに、『やめ！』と号令をかけた時の子どもの心の内は？

なぜ指示が通らないかを考えたい。

まだ規律が身についていない子どもたちは、「もっとやりたい」と意欲が高いからこそ熱心に学習を続行してしまう。

「せっかく一生懸命やっているのに、なんで先生は邪魔するの？」「もう少しがんばれば作業が終わるのに」

教師の側は、残る時間を考えより適切に学習を進めさせたいと思って指示をするのだが、作業が始まってしまえば、それは余計な干渉だ。耳に入らない子も多い。

子どもの心の内を混乱させないためにも、最初は二兎を追わず、『やめ』という一度の号令で全員がそろって鉛筆を置くことだけを練習して習得させる。一斉にぱたりと鉛筆を置いた音の響きや一瞬シ～ンとなった教室の

空気をみんなに体感させたい。"切り替える"とはどういうことかを、言葉ではなく体験を通して理解させていく。

『よくできた。全員がそろうと教室がシ〜ンとなるね』とまずは称揚。『次は勉強しながらでも号令でパッと鉛筆を置ける人は？』全員が挙手をする。ステップバイステップ。1つができてから次の課題に進むのだ。

こうして習慣づけておけば、次は作業中でも号令にあわせて多数の子が鉛筆を置ける。遅れた子はそれを見て慌てて後を追う。「先生の指示で切り替える」というルールがクラス全員に定着する。『よく自分から直したね。さすが3年生』と褒めることでさらに意識化が進む。

最初の授業では、こうして号令に従って全員が鉛筆を置けるようにすることでかんたんな指示が通る状況を全体につくる。それを学習ルールづくりの出発点としたい。

4　発言のルールづくりの第一歩—挙手発表とつぶやき発言を区別させよう

考察　発言の秩序が失われると何が起こるか？

手を挙げる子と勝手に放言する子がでて混乱。

感情のままにつぶやいた子が「勝手に言ってもいいんだな」と思うと、つぶやきが放言に変わっていく。教師が振り回されて次第に授業が主導できなくなる。

反応の速い子との応答で授業が進むようになると、ゆっくり考える子や理解の遅い子がついていけなくなる。

ついていけなくなった子たちが他のことに関心を移せば、授業はそこから崩れていく。

『絵を見て気づくことは？』学習課題No.1の展開3で例えばこう問いかけた時、挙手者を指名する前に誰かが先走って答えをつぶやいてしまうことはないだろうか。「あ〜あ、私が手を挙げて答えようとしたのに…」これでは、せっかく手を挙げて答えようとした子の気持ちがしぼんでしまう。

そうならないよう、この場面では教師のしぐさにあわせて挙手・つぶやきのどちらで答えるか子どもが対応できるようにしたい。これが発表の基本ルールである。

挙手発表とつぶやき発言の違いを説明した後、

　『1＋5は？』と教師が耳に手を当て体を傾けながら問う。
　「6〜？」全員の声がいっせいに響いて楽しくなる。
　『みんなよくできた』と称揚する。

　続いて『3＋4は？』と教師が手をまっすぐ伸ばして問う。
　挙手せずにうっかりつぶやいてしまう子がいると爆笑。
　教室が明るくなる。ルールづくりは楽しさの中で行いたい。

『サインが分からない選手がいると監督は？』「困る〜」時にはフェイントを交えながら練習すると、挙手発表とつぶやき発言の区別という基本のルールがゲーム感覚でしっかり定着する。

　教師はこうして教えた基本ルールを例外なく守り、1年間変えてはならない。しかし、子どもというのはえらいもので、しばらくすると先生が体を傾けただけでつぶやき場面だと察知する。また、正面を向いて断固とした口調で問いかけ始めると、「ここは挙手だな」と思ってサッと手を挙げるようになる。その時、子どもは「教師の掌に入った」のである。

　授業法に併せ、こうした学習ルールの育て方を各所に順次記したことも本書の特色である。

　読者のみなさんには、それらを適宜改変して自分のルールをつくっていただきたい。基本ルールができたら、私は例えば次のように各分野に発展させていく。

　　　No.3　屋上から地域を観察する際のルールの示し方
　　　No.4−1　安全のためのルールとは？—子どもが考えて教師が補説
　　　No.11　早く終わった子の役割は？—教え方を教える
　　　No.19　ルールを考えるのは自分たち
　　　No.27　することとしてはいけないことは？—見学学習

2　小学校社会科の系統とは？

1　生活科と社会科の違いとは？

　では、こうして小3から始まる社会科は生活科と何が違うのか。それについて学習課題No.2「社会科は生活科とどう違うか」を学んだ沖縄の子どもは、次のようなふりかえりを書いた。

　　　ふりかえり　自然はもともとあって、社会は人がつくったことをはじめて知りました。
　　　　　　　　　生活（科）は、理科と社会がまざってできたことが分かりました。

　子どもたちは、この授業の展開1において、まず自分がお気に入りの場所を出し合った。「（教室）＝友だちがいて楽しいからです」「（家）＝家ぞくやペットの犬がいて、自分のすんでいるところだから」との意見から始まり、野球場・図書館・空き地・公園・イオンモール・じどうかん・おばあちゃんの家等、13のことがらが次々出される。

　続いて、子どもはそれらを「もともとあるもの」（自然）と「人がつくったもの」（社会）に分類していく。そして、生活科では自然と社会の双方に親しんだが、3年生からは自然については理科で、社会は社会科で学ぶことを知る。「生活（科）は、理科と社会がまざってできた」と書いた子は、自分なりにそれに気づいたのであった。

　生活科では自然と社会の区別はとくに意識しない。まだ学びと遊びが未分化な1・2年生は、自然事象と社会事象の違いにはこだわらずに地域のモノ・ヒト・コトに興味を持ち、親しみ、関わりながら社会認識・自然認識・自他認識の基礎を豊かにしていく。

　そのため、生活科では学年ごとに異なる教科の系統がない。指導要領でも目標は1・2年生

共通となっている。学習内容も「身近な動物や植物」「身近な人々、社会及び自然」等と大まかに規定されているだけである。これに対し、社会科では学年が異なれば目標も必ず異なる。

> **考察　生活科で大切なことは？**
>
> 　お蕎麦屋さんたんけんに行ったとしても、洗濯屋さんの手作業に関心が向けば、そこも見学して一向にかまわない。アサガオの苗を間引きした時に、その苗をお世話になった保育園・幼稚園の先生に届けたいと思えば、子ども自身がそう決めてもいいのである。いずれも、社会科の工場見学や理科の植物学習では考えられないことである。
> 　誤解を恐れずに言えば生活科は活動教科であり、具体的な体験や活動を通して自然や社会・人間について科学的に認識する土台を豊かにして自立の基礎となる力を養う教科なのである。
> 　そこで大切なのは、子どもの関心に応じてその活動を方向づけ、その質を高めて、自然や社会・人間に対する認識の基礎を育てる教師の指導である。

それに対して社会科は系統教科である。したがってその学習内容も、「地域や市（区、町、村）の特色ある地形、土地利用の様子、主な公共施設」（小３）等、生活科に比べてはるかに具体的である。その習得の上に上級学年ではさらに発展した内容を学習する。

体験や活動もそれ自体が目的ではなく、例えば上記の事象を学ぶ際の手がかり・方法として行うのである。子どもの活動に左右され、学年での学習内容自体が変わったら大変なことになる。2つの教科の違いは、以下のようになる。

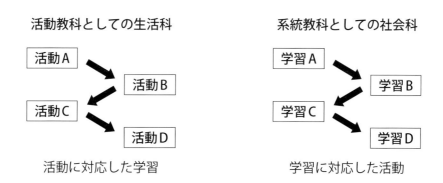

そこで本書では、学習課題No.1においては「楽しいぬり絵たんけん地図」をテーマにまちにある社会事象への関心を高めた。続く学習課題No.2では身近な地域の中にある自然事象と社会事象の区分を知り、「社会科は生活科とどう違うか」に気づく学習を行い、4年間にわたる小学校社会科学習の第一歩をふみだす構成とした。

さらに学習課題No.6「東西南北に何がある？」では、自然や社会の事象を絵記号から地図記号に変えることを通して具体➡半具体➡一般化という科学的概念形成の基礎を学ぶ。

また、学習課題No.4／Plan B「学校のまわりをぐるり」では、地域の実際の地理的事象と市販の地図を対照する活動を行って地図活用の技能を養っていく。

体験を一般化して読図技能を高めるこうした学習活動も、生活科では決してみられないものであった。

2　小学校社会科の系統を８文字と１０文字でつかむ

　各学年の学習内容と関係性を、３年生と５年生はひらがな８文字「ありさま」「いとなみ」で、４年生と６年生はひらがな１０文字「しくみ」「なりたち」「ちがい」で、次の図のように示したい。

小学校社会科各学年の学習内容と関係性
〈「ありさま」と「いとなみ」の学習〉　　　〈「しくみ」「なりたち」「ちがい」の学習〉

３年生―８文字　　　　　　　　　　　　　　４年生―１０文字
　地域社会の ありさま ・ いとなみ 　　　　　地域社会の しくみ ・ なりたち ・ ちがい
　　　　　　（地域の地理）（仕事　生活）　　　　　　　（安全・健康）　（開発）　（他市町村）

５年生―８文字　　　　　　　　　　　　　　６年生―１０文字
　日本社会の ありさま ・ いとなみ 　　　　　日本社会の しくみ ・ なりたち ・ ちがい
　　　　　　（国土の地理）（各産業と生活）　　　　　　（政治）　（歴史）　（世界）

　では、小３の各単元で行うそれぞれの授業は、小学校社会科４年間の系統の中でどこに位置しているのか。授業づくりがその場かぎりで近視眼的にならないためにも、各学年の社会科の内容と相互の関係性を小学３年から見通してみたい。

≪小３・入門期の社会科（１）≫
「自然」と「社会」を区分して地域のありさまを学ぶ

　学習課題№１のように、これまで「けしき」として漠然と見えていた地域の事象を、「しぜん」と「しゃかい」に区分して意識的にとらえる。これが社会科のはじめの一歩であろう。
　そうした地域で生きる私たちは、遊ぶ・働く・買う・つくる・学ぶ等さまざまなかたちで地域の自然や社会・人と関わっている。家で過ごすことをふくめ、ここではそれらのいとなみを「生活」という言葉で押さえよう。

　　先生：１・２年生では、その生活について勉強したね
　　児童：生活科！
　　　──こうして想起させておくと、２学期「昔のくらし」での生活の定義が円滑に進む。

　　先生：では、３年から始まる社会についての勉強を何というの？
　　児童：社会科！
　　先生：自然についての勉強は？
　　児童：理科！
　　　──「理」とは自然の中にあるきまりと捉えたい。

　３年生からは生活科がなくなり、自然についてはもっと詳しく理科で学び、社会については

もっと詳しく社会科で学ぶことを、こうして押さえたい。

さて、地域の事象を社会と自然に区別した後、小3・入門期の社会科はまちたんけん・地図をつくる・地図を読む・市のしょうかい等の**地理入門学習**に進む。それらの共通点は、目に見える地域社会のありさまを目に見えることを手がかりに学び合うことにあると私は考える。

生活科と違って、事象➡絵で表現➡地図記号のように一般化を図る学習がそこに入る。「なぜ？」「どうして？」という問いが教師の側から発せられ、「努力」と「工夫」が強調されることも、低学年ではなかったであろう。

● はたらく人と買い物─地域のいとなみを学ぶ

だが、地域社会をよく見ると、そこにはモノがあるだけではなくヒトがいる。ヒトは生活をしているし、仕事もしている。

そこで3年生は、地域のありさまに続き地域ではたらく人々とその仕事＝いとなみについて学ぶ。また、自分や家族の消費生活について調べ、他地域との関わりにも目を向ける。それもまた、人々のいとなみと関わる学習ではないか。

教師の側から言えば、地域の農家・工場等でさまざまなモノが他地域とも関わってつくられ（生産）、各地から来たモノと併せて地域のお店で工夫して売られ（流通）、家の人に買われて使われる（消費生活）ことに気づかせたい。

こうした経済活動は全て地域社会のいとなみに入る。目に見えることを調べて、目に見える〈いとなみ〉について考える学習は、中学につながる**公民入門学習**と考えてもよい。

● かわってきた人々のくらし─昔のいとなみを調べる

では、そうした地域社会での人々の生活・仕事は、昔はどうであったのか。何が変わり、何が今に受け継がれているのかをとらえさせたい。

そのために、目に見える昔の道具を調べて目には見えない昔のくらしをイメージし、その不便な点や良かったことを今の生活と比べさせる。

子どもたちはここで、今と昔の生活の違いを対比的につかむ**歴史入門学習**を行い、昔から今につながる伝統行事についても学習するのである。

そうした対比や変化の学習を通して、次は自らの生きる地域をさらによく変えていこうとする意識の育成を図りたい。

目に見える地域社会のありさま・いとなみを、目に見えることを通して以上のような流れで学ぶ。その地理・歴史・公民の初歩的入門学習こそが小3社会科の特色である。

≪小4・入門期の社会科（2）≫
ゴミ・消防・安全─地域社会のみえないしくみを学ぶ

目に見える地域社会のありさまやいとなみを学ぶのが小3の社会科であれば、小4社会科では目に見える個々の事象を手がかりに、その背後にある目に見えないしくみを探らせたい。

その中で、ゴミ処理や上下水道・電気・消防・安全保持等のしくみは、そこに関わるヒトの働き・努力によって機能していることに気づかせていく。

「水はただでいくらでも出ないのに気づいた。水も1つのものに気づいた。3年の時なんて、ゴミ収集車が来てもしらんぷりをしていたけど、今は、ゴミ収集車が通ると目に見えます」（Aさん）

Aさんは「水も1つのもの」だと気づき、収集車が「見える」ようになった。事象の意味と役割・その背後の〈しくみ〉を理解したからこそ、見えなかったものが見えるようになったのである。こうした地域社会のしくみを子ども自身が探究し、住民の生活を支えるひとつながりの〈しくみ〉群が「見えるようになる」。4年の社会科ではそのことがまず大切である。

「電気なんて、家にたくさんあるけれど、ぜんぜん気にしていませんでした。でも今はお父さんに中を見せてもらい、電気のねだんの紙も持っています。わたしは、多賀で温泉をしらべました。市役所にしらべにいったりして、たいへんでした。でも四人で協力し合い、今もやっています」（Bさん）

Bさんの感想からは、3年に比べ追究力が格段に高まっていることもうかがえる。

では、地域社会のありさま・いとなみ・しくみは昔からずっと変わらなかったのか。子どもに問うと、そんなことはないという。ならば、自分が生活する地域社会は昔から今へどう変わってきたか。そこにどんな人々の願いや先人の働きがあったのか。今の地域社会の生活や産業はそうした活動を通してどのようにつくられてきたのか。
こう考えたところで、4年生の社会科は地域社会のなりたちの探究に進んでいく。

● 地域を開く―開発の光と陰を学んで地域のなりたちを探る

「今まで、みかん畑なんて、どんなしくみややくめをしていたかぜんぜん知らなかった。しらんぷりをしていた」（Cくん）

Cくんは、山腹に石垣を組んでつくられた「みかん山」が先人たちの労苦の結晶だとは思ってもいなかった。それが、「丹那トンネル」という1つの事例から「開発」をとらえる視点を学び、その眼で周囲を見た時に「ここにも先人の働きがあった」との発見に至ったのだ。その驚きと感動を理解したい。

「水道がかんせいしてらくになったことは、わざわざ井戸の中の水や川の水をくまなくてもいい…ぼくはじゃ口をひねれば水が出てくることがあたりまえと思っていたけど、水道の歴史を調べてみて、おじいちゃんたち、むかしの人がくろうして水道をひいたことがよく分かりました」（Dくん）

記念碑の文面から自分の祖父の業績を調べたDくんに、その水道の水が農業用水の転用であることを示唆すれば、地域から消えていく農業の姿が見えてくる。そうすれば、開発には

プラスの面と共に、環境面その他で時にはマイナスも生じることにも気づいていく。

こうしたさまざまな学びを交流させることで、地域のなりたちの学習はさらに豊かになる。

●私たちの県─他の地域社会とのちがいを学ぶ
　以上のように自分たちの地域社会をありさま・いとなみ・なりたちの3つの面からとらえたところで、では、県内には他にどんな地域社会＝市町村があるかを挙げさせる。そして、いくつかの県内の市町村を取りあげてそのありさま・いとなみを自地域と対比させ、相互の違いとつながりを考えさせる。
　つまり、いくつかの地域社会のちがいやその背後にある共通点に気づかせる。さらに、そうした違いのある多くの地域社会＝それぞれの市町村が、お弁当箱の多彩なおかずのようにぎっしり詰まって自分たちの県ができあがっていることに気づかせたい。
　それらの特色ある「お弁当箱」＝各都道府県が47も集まって日本の国を形成していることに気づかせ、その後の県名覚えにつなげたい。

≪5・6年　発展期の社会科≫
地域から地域を越えて学びを展開

これに対して5・6年社会科では地域から地域を超えて次のように学びを発展させたい。

　5年─①地理学習（日本のありさまを知り世界と対比）
　　　　②産業学習（農・漁・工・情報産業等、日本各地のいとなみを学ぶ）
　6年─①歴史学習（日本のなりたちを学ぶ）
　　　　②政治学習（地方や中央の政治・国会等のしくみを学ぶ）
　　　　③関わりある国々の学習（各国や人々のちがいの把握と相互理解）

これを3・4年の社会科と対比すると何が分かるか。それは、地域社会に関わって学習した〈ありさま〉〈いとなみ〉〈なりたち〉〈しくみ〉〈ちがい〉という5つのポイントが、地域を超えて日本・世界という次元で発展的に学習されるということだ。

　本書における各単元・各学習課題での展開例は、こうした小学校社会科全体の中に位置づけたい。それにより、「自分はなぜここでこの授業を行うのか」「この単元・この授業でめざしたいことは何か」がいっそうはっきりしてくる。
　その年・その日・その時間に行う1つの授業が、小学校社会科全体の中でどんな役割を果たすか、さらに明確になってくるのではないだろうか。

　1年間にわたる小3社会科学習の内容と方法を解説した本書が、多忙の中で日々の社会科授業に励む多くの先生方、とりわけ初心者のお役に立てば喜びこれにすぎるものはない。

43の授業プラン

子どもが育つ授業を
学習課題にそって紹介

学習課題 No.1	まちには何があるのかな？

楽しいぬり絵たんけん地図

▶授業のねらい
①作業図学習を通して全員を最初の授業に参画させ、教師・友達との関わりを深める。
②絵を見て気づくことをルールを守って発表し、まちにあるものへの関心を高める。

▶授業の展開：見つける楽しさ・色分けする喜び。そこから自分のまちに目を向ける。

1 けじめを教え、笑いを入れて応答をつくる
　　——小中社会科９年間の最初の授業。右の「ぬり絵たんけん地図」を拡大して教師が提示。みなの視線が集中したところで、応答を交えながら次のようにルールを説明する。
先生：これは、あるまちの地図です。14のモノを探して○で囲みます。7つできたら一度マルをもらいに来ましょう。11色使います。無い色があったら泣きますか？
　　——クラスによってはこうした冗談で緊張がやわらぐ。
児童：借ります。　　先生：正解。別の色を使ってもいいです。答えを探せない時は？
児童：聞きます。　　先生：正解。
先生：先生が止めと言ったらパッと鉛筆を置きます。　　——実演して練習する。
先生：すばらしい。全員がそろってできたのは○班と△班です。では、班長はたんけん地図を取りに来て班の人に分けよう。　　——けじめを示し、力強く評価する。

2 全員にマルをつけて意欲を高め、よい表れを評価
　どの子も作業に熱中する。まずは机間巡視。よい表れをみつけ「○班――全員で助け合い！」「△班――教え方がていねい」等と黙って板書。後の評価に活かす。
　5〜6分経つとマルをもらいにくる子が出る。『早い』『ていねい』二重マルをもらった子が席に戻ると教え合いも活性化する。
　　——15分ほど過ぎたら『あと1分』と予告。時間が来たら『はい、やめ！！』ときっぱり言う。鉛筆を置く音がしてシーンとなる教室。静かな声でそれを称揚する。

3 ルールを守り、気づくことを発表しよう
先生：ここで発表のルールを教えます。先生が手を挙げて聞いたら手を挙げて答えよう。耳に手を当てて聞いたら手を挙げずに答えよう。　　——簡単な質問をして発表の練習。

Ⓐ 挙手発言のジェスチャー〈きっぱり〉
Ⓑ つぶやき発言のジェスチャー〈にっこり〉

先生：では、絵を見て気づくことは？
　　——それぞれの気づきを発表させ、できるだけ多く発言機会を設ける。最後は自分でもお気に入りの場所を探してくるように指示。記入カードを配ってもよい。
　未完成の子は休み時間に笑顔で指導。『最後まで頑張ったので花マル！』できない子ほどていねいに教え、決して見捨てないことを最初の学習で示す。

わたしのまち みんなのまち

〈ぬり絵たんけん地図〉 名前 _____

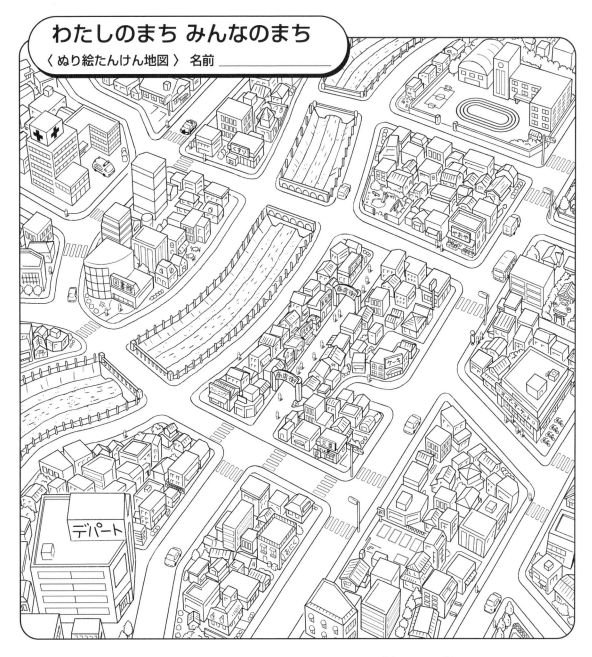

1　デパートを もも色 でかこみなさい。
2　スーパーマーケットを 緑 でかこみなさい。
3　ケーキ屋を だいだい でかこみなさい。
4　くすり屋を きみどり でかこみなさい。
5　クリーニング屋を 黄色 でかこみなさい。
6　やお屋を 茶色 でかこみなさい。
7　にく屋（おにくと書いてある）を
　　はだ色 でかこみなさい。
8　図書館を みず色 でかこみなさい。
9　びょういんを 青 でかこみなさい。
10　学校を 赤 でかこみなさい。
11　パトカーを 黒 でかこみなさい。
12　交番を むらさき色 でぬりなさい。
13　橋はいくつありますか（　　）
14　川を 青 でぬりなさい。

◆次の時間までに、自分のいちばんお気に入りの場所をさがしてこよう。

| 学習課題 No.2 | 社会としぜんになかま分け |

社会科は生活科とどう違うか

▶授業のねらい
①それぞれのお気に入りの場所を教え合い、7つの事象を社会と自然に分類していく。
②社会科と他教科の違いに気づき、社会科では今後身近な社会について学ぶことを知る。

▶板書例——①〜⑦の語句は□で囲まずに筆記させる。（　）内の語句は負担なら省いても可。

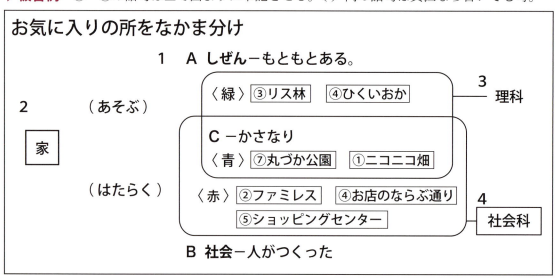

▶授業の展開：互いのお気に入りの場所を発表。カードの並びかえで活性化させてから説明。

▶準備：児童が提出したカードをまとめておく。見つけてくるよう指示しておいて当日に発表させても可。「リスのいる林」「森の中のひみつきち」等、社会とは無縁なものが出てもよい。

・「お店のならんだとおり」…あるいてす う分のところに、いっぱい店がならんで います。（　まち）

・「ショッピングセンター」…わたしのいえの ちかくに大むろショッピングセンターというお みせがあります。よくそこでおかしやアイスや ジュースをかいます。そのちかくにさくらのき があってとてもきれいです。（　さき）

生活科育ちの子どもたちは、自然事象と社会事象がまだ未分化で学びと遊びも未分化だ。授業はその実態をふまえて次のように行う。

・「吉田じんじゃ近くのニコニコ畑」…ニコニコ 畑でお父さんとモンシロチョウをつかまえにい きました。畑の大きさは、たいいくかんの半分 ぐらいありました。あみで1ぴきつかまえてき ました。羽の色は白色でした。ようちゅうをニ ひきキャベツ畑でつかまえました。（　はるか）

1　お気に入りの場所を出し合う
先生：誰のお気に入りがいいと思う？読んだ後に（発表し合った後に）感想や質問を言おう。

児童：Aさんのニコニコ畑にモンシロチョウがいたのがよかったです。ようちゅうをつかま

えてすごいです。
児童：Bさんからリスの話を聞いてびっくりしました。
　　このように、学びを通して互いに交流させる。さらに各自の体験と重ね合わせる。
先生：ニコニコ畑に行ったことのある人は？　　――挙手。
先生：ほお〜、ではショッピングセンターに行った人は？
　　――多くが挙手。つぶやきが活性化する。知らない場所にも目が向いてくる。

2　カードを動かし「社会」と「自然」になかま分け

先生：みんなのお気に入りの所からこの７つを選んで
　　　みました。（右の短冊を黒板の右手に貼る）

①ニコニコ畑　②ファミレス
③リス林　④お店がならぶ通り
⑤ショッピングセンター
⑥ひくいおか　⑦丸づか公園

　　　①〜⑦が、自然に入るか社会に入るか分けてみ
　　　よう。（「しぜん」と「社会」の枠＝◯を板書）
　『自然とは何ですか』発言を生かし、海山川のようにもともとあって人がつくっていない
ものだと押さえる。自然とは反対に、人がつくったものがあって人が生活しているところが
社会だと押さえる。
先生：では、①はどちらに入るか？
児童：ちょうがいるからAの自然。でも、人間が野菜をつくっているよ。
先生：それならCのかさなりに入れよう。
　　――以下同様にして、短冊を移動しながら⑦までなかま分けしていく。
先生：では、この教室は？　　児童：社会。　　先生：あの山は？　　児童：しぜん。
　　これまではただの景色であり遊ぶ場所であったところが、じつは社会事象と自然事象に区
分できることに気づかせたい。（ノートは「おか」「公えん」「畑」等と略記も可）

3　生活科をふりかえり、身近な社会の勉強を始めよう

先生：君たちは公園や林で何をするの？　　児童：あそぶ。
先生：ショッピングセンターでは？　　児童：買い物。何か食べる。
先生：家の人は社会の中で何をしているの？　　児童：あそぶ。はたらく。
先生：家に帰ると？　　児童：テレビを見る。ごはんのしたく。休む。
　　そうやって、遊んだり休んだり働いたりすることを「生活」とよぶことを押さえる。
　　――ここでは深く説明せず、後で「昔の生活」を学ぶ際に「生活とは何か」をあらためて
　　　説明すると分かりやすい。
先生：１、２年では生活を学ぶ勉強をしてきたね。　　児童：生活科だ。
先生：そうです。だから君たちはまちたんけんに出かけ、公園に秋を見つけに行ったりした
　　　のです。それは社会や自然にふれて生活に役立つ勉強をしていたのです。
先生：でも、３年生からは生活科が？　　児童：ない。
先生：代わりに自然について勉強するのが？　　児童：理科。（板書３を記入）
先生：まちや身近な社会について勉強するのが？　　児童：社会科だ。（板書４を記入）
　　――小３の社会科では、地域社会（学区や市町村）の「ありさま」と地域の人々の「いと
　　　なみ」（仕事・今と昔の生活・行事）を学ぶことを教師の側も知っておきたい。

| 学習課題 No.3 | 東西南北に何が見えるか　※4校時に実施すると太陽の南中が分かりやすい |

屋上からかんさつしよう（地域によっては2時間扱い）

▶**授業のねらい**
①太陽の動きと関連づけて東西南北の方位を押さえ、方位磁針の性質と使い方を知る。
②学校の四方位に何が見えるか観察して身近な地域への関心を高め、方位体操を覚える。

▶**板書例**—タイトルと1だけをノートする。

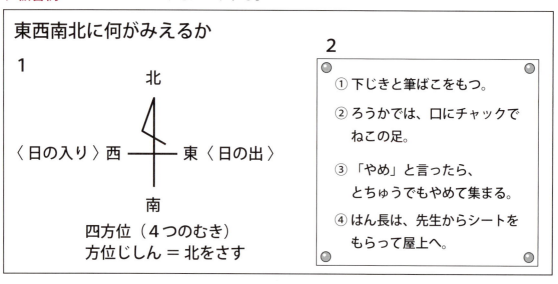

▶**授業の展開**：動作化と観察学習で東西南北の方位を体感。活動と集中のメリハリを。

1　体を動かして東西南北の方位を知ろう
　　──黙って①を板書。「何？」「木？」つぶやきが起きたところで○と─を赤で書き②のようにする。東だ。

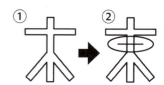

先生：東は木の間から太陽が出る様子を表します。座ったまま、音をたてずに椅子を東に向けよう。
　　──子どもたちは、あちこちを向いて大騒ぎ。
先生：こちらが東です。真似をしよう。　──子どもも全員東を向く。
先生：口にチャック。回れ〜右。　──教師が反対側を向くと子どもも合わせる。
先生：チャックあける。太陽はこちらに沈む。こちらの向き＝方位を何と言うか？
児童：西です。　先生：右向け〜右。　──教師がゆっくりやると真似をする。
先生：こちらの方位は？　──答えを受けて「北」と押さえる。
先生：今度は、回れ〜右。最後の1つは？　児童：南です。
　　──席の向きを静かに戻させ、方位磁針を提示する。
　平らな所に置くと色のついた針が北を指し、そこに文字盤の「北」を合わせるとどこでも東西南北が分かることを説明。2人に1つ班長を通して配布し、交互に操作させる。

全員使い方の分かった班は順次返却。遅れたペアを支援する子を見つけたら高く評価。東西南北の方向をもう一度確かめさせ、できた子には板書1をノートに写させたい。

2　ルールを身につけ、東西南北に何かあるか見つけよう

先生：写し終わった人は屋上へ行き、東西南北に何があるか観察します。

――子どもたちは大喜び。遅い子は必死に写す。

先生：でも、その前に注意。（表情をひきしめて）

――注意事項を黙って黒板に貼付。一斉読み。目で読み口に出すことで理解が深まる。

屋上では教師が南面し、子どもは班ごとに北向きに座らせる。

先生：フェンス越しに北を見よう。目立つものを見つけた人はノートに書こう。はじめ！

――前もって下のようなシートを八つ切り画用紙でつくり、そこに記入させてもよい。

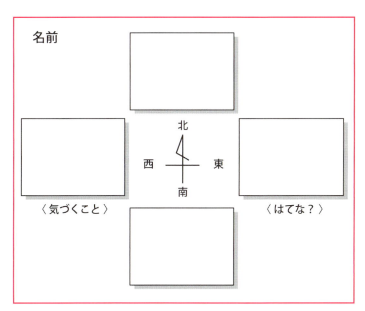

子どもたちは、「みんなに教えた公園が見えた」「山でもいいの？」等と口にする。

――教師は、『どんな山か書こう』等と具体的に応答しながら、見つけられない子を支援。北➡東➡南➡西の順番で書かせる。東西南北で特色が異なる地域では2時間扱いとし、南と西を2時間目に学んでも可。残り15分は班で教え合う時間とし、気づきの少ない子に知る機会を作る。授業後ノートやカードを提出。

3　授業の最後は方位体操でリフレッシュ

先生：見てはだめですが、お昼の太陽は南に来ます。反対の北を向こう。

――教師は子どもの前に回る。

先生：ゆっくり立ちます。影ができたのはどの方位ですか？　　児童：北です。

先生：では、方位体操をします。できない人は校長室でします。

――恥ずかしがる子や集中できない子のいる学級では、インパクトのある言い方は効果的。子どもに背を向け「東！・西！・南！・北！」と大声で叫びつつ下の順序で動作を行う。

2度やったら子どもだけで動作。上手な子に前でやってもらう。好きな所へ行き北を向いてやらせ、方位感覚を養う。

時間が来たら集まり教室へ戻りたい。

No.1 地域と子どもの実態に応じた学び

ノート力や思考力をじっくり育てる （3時間配当）

屋上学習をどうまちたんけんにつなげるか

▶学び合いをノートして視野を広げ、子どもの思いに即した主発問で意欲を高める。

▶Ⓐ➡Ⓑ➡Ⓒへ進む中で子どもの力はどう伸びるか

　ノート力と思考力を4月からじっくり育てたい場合は、前出の課題№.3に3時間をかける。めあて➡まとめ➡ふりかえりという順序で学習内容をノートさせたい。最初は時間がかかるが、同じ子どものノートⒶⒷⒸを比べるとしだいに書く力が伸びることが分かる。

Ⓐ方位を知って北にあるものを調べる　　　Ⓑ東・西・南にあるものを調べる

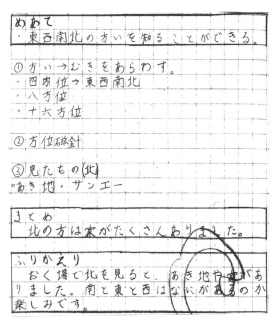
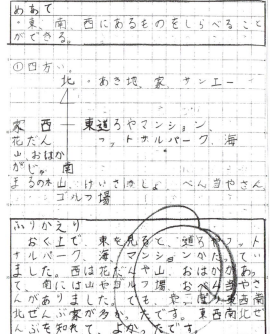

▶ノートを評価する視点とは？

　Ⓐのふりかえりには、まとめにはない「あき地」が新たに書かれ、わずかな学びの発展がある。次の授業への期待も記してある。そこを評価する。

　Ⓑのふりかえりは7行に増加。そこを評価する。「やっぱり」という語句の背後に、予想をふまえて確かな理解に至る思考の展開をみたい。

　Ⓒの②にある『もっと知るためにはどうしたらいいですか？』という主発問は、子どもの思いに即しているため、まちたんけんへの動機づけと移行が無理なく行われる。

Ⓒクラスで学び合ったことを記し、まちたんけんへの意欲を育てる。

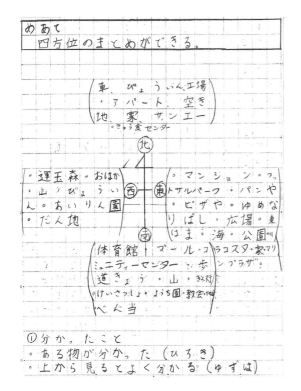
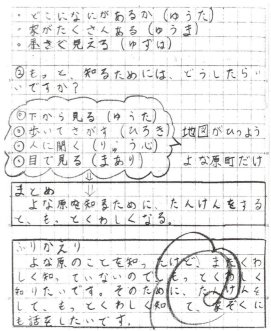

> ▶**この授業では、個の気づきは、なぜ少なくてもよいか**
>
> 　Ⓑには、個やペア等で出した気づきが12ある。Ⓒでは、それが38に激増した。なぜか。それぞれの気づきを発表し合ったから類推・触発も生じて増えたのだ。相互補完を糸口に気づきの量を増やす。これこそが小3のはじめに体験させたい**量を増やす学び合い**である。
>
> 　ところが、個やペアでの気づきが少ないと『もっと一人ひとりに出させなくては』と考えて、教師はそこにかける時間を延長したくなる。だが、それは間違いである。
> 　その問題点として、次の3つを指摘したい。
> ①例えば相談時間を5分間延ばすと、反比例してまとめの時間が5分少なくなる。
> ②しかし個の気づきの量が増えるので、まとめの際にそれらが多く出されると短くなった時間内に整理しきれない。打ち切れば不満が残る。
> ③多く出されると似た意見も出やすい。しかし、「同じじゃないか」と思って軽く扱うと、発表者には成就感が生まれない。
>
> 　だが、まとめの場面では、その子ならではの意見を少しずつ多くの子が発表するから学び合いが生じる。個々の気づきを無理して増やすのではなく、少ない気づきを全体の場で相互補完し合うことに本時の学習のねらいがあることを忘れてはならない。

学習課題 No.4

Plan A
東西南北のコースを回る場合

せつ明するのは私たち

▶授業のねらい
①行きたいところ・調べたいことを出し合い、たんけんのルートを決めることができる。
②ルールを考え、説明する人を決めて自分たちでたんけんをリードできるようにする。

▶板書例──2の「調べたいこと」は子どもの発言を生かして板書。3では児童名を記入。

```
たんけんの計画を立てる                2
                                       調べたいこと
1                                      店のこと  ひみつ  なぜ  いくら
  ①北コース  5月○日  2・3校時        いつ  いいところ  とくちょう
  ②持ち物
    ぼうし  水とう  ハンカチ  地図    3
    たんけんバッグ  えんぴつ2本        コース
  ③気をつけること                     学校⇒パンや（ゆうり）⇒ローソン（まあり）
    先生の話を聞く  車に気をつける    ⇒あかぎじ童館（ひろき）⇒がじゃしょう店
    勝手な行動をしない                （こうせい）⇒ピアノ教室（ゆうた）⇒与原公園
                                       （しょうた）⇒与原ほ育園（ゆずは）⇒給食
                                       センター（ひしょう）⇒学校
```

▶授業の展開：規範意識➡目的意識➡当事者意識への流れをつくる。3に重点をおきたい。

1 はじめに押さえることは？──ルールづくりの中で規範意識を持たせる
　①屋上から見ただけでは分からなかったところを探検に行こう。（学校の東西南北）
　②案内と説明をするのは、東西南北それぞれの方位に住んでいる人たち。
　③説明する人たちは、前もって家の人とも相談して説明の中身を考えておく。
　　提案に全員が賛成したところで、ルールや持ち物をてきぱきと決める。教師はプリントをつくらず全てノートに記入させる。書くことで話した内容が定着し、自分事となっていく。

2 調べたいことは？──遊び気分を消し学習意識を高める
　　調べたいことをかんたんに出させ目的意識を高める。当日に内容が変わってもよい。

3 90分でどこをどのように？──当事者意識を育てるために
　　コースを提案して練り上げ、説明する子どもを決めてノートさせる。意欲的な「案内役」にはひとこと言わせたい。フォローが必要な子にはペアの人選を考え、事前の支援を行う。

▶ **「ひろきさんの説明がすごい」**―個人のふりかえりをノートに書く。（事後）

> 今日、北コースのたんけんをして、北コースのことを知ったと思います。
> 　まずパンやさんを通って、ローソンの前に来て、まありさんのせつ明を聞こうとしたら、道ろの車の音がうるさくて、聞こえにくかったです。
> 　そして、あかぎじ童館について、ひろきさんのせつ明を聞きました。そのひろきさんのせつ明がくわしく書いていたので、分かりやすくてすごいと思いました。
> 　そして、公園やほ育園に行って、給食センターに行きました。給食センターでは、給食をつくっていました。それから学校に帰って、北コースはステキなものがいっぱいあるんだなと思いました。北コースのたんけんをして北のことも知ったし、いろいろなものを見たりして、とても楽しかったです。（Tさん）

――「騒音で聞こえにくい」…次からは、教師がメガホンを持参する等して改善したい。説明するのも、聞くのも子ども。そのようにすると、よく聞き合って優れた点を学び合うことが分かる。こうしてたんけんを子ども中心で行うと「とても楽しかった」と感じ、社会科を学ぶ意欲が高まる。そこを起点として、主体的に地域社会の「ありさま」を知る学習を始めたい。

▶ **東・西・南のコースも回ると時間がかかるので、班でのまとめはかんたんに。**

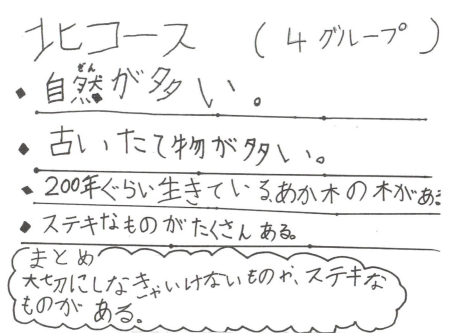

> 北コース　（4グループ）
> ・自然が多い。
> ・古いたて物が多い。
> ・200年ぐらい生きているあか木の木があ〔る〕
> ・ステキなものがたくさんある。
> 〔まとめ〕大切にしなきゃいけないものが、ステキなものがある。

事前指導・たんけん・事後のまとめをコースごとに行うと多くの時間を使う。学校の周囲を全員で回り、個々の通学路たんけんにつなぐとそれほど時間を使わない。次に紹介したい。（Plan B）

学習課題 No.4 **Plan B** 自校周辺のコースを回る場合

学校のまわりをぐるり──ホンモノの地図とくらべる

▶**授業のねらい**
①地図ぬり絵を通して学校のまわりの様子をつかみ、さまざまな公共施設に目を向ける。
②安全に行動するルールをみなで確認し合い、外に出て地図と実際の事象を対照する。

▶**授業の展開**：地図上の事象と現在地の位置関係を読みとらせて地図力をアップ。
　　45分で難しい場合は、2時間続きも可。

▶**準備**：市町村発行の市街図や住宅地図等から右のような作業地図を作製。A4かB4の画用紙に印刷する。画板に貼った拡大地図・付せん・時計・笛とメガホンは引率に必携。

1　楽しい地図ぬり絵に全員が参画──公共施設や病院は必ず入れておく

　地図上の細い"帯"は実際の道路を表す。だが、2つを同じものだと実感できない子も多い。両者をどう一致させるか。地図を持ち、外へ出て対照するのがいちばんよい。その前提として、まず右のような学校周辺の作業地図を配る。『13のモノを地図から探して色をぬろう。』楽しく取り組む中で、初歩的な読図力を養いたい。席は班ごとに。約20分間作業。

　郵便局・交番・消防署・公園・図書館等があればどれか必ず問題に入れておく。国や市町村が、人々が安全に便利に暮らせるようつくったこれらの建物を公共施設ということを説明する。みなの健康を守る病院等の施設にもふれておきたい。（板書➡ノート）

2　安全のためのルールとは？──子どもが考えて教師が補説

　『この地図を持って外へ行こうか』」（喜）『でも、事故が起きたら大変だ。どんなルールが必要？』子どもから出させ補説して板書。徹底したい子に音読させる。『守れない人は先生と手をつなぎます』（騒）時に冗談も。地図はセロテープで下敷きに貼ると風に飛ばない。

3　「君たちは地図のどこにいる？」──1時間目から2時間目へ活動をつなぐ

　この場合は南門➡①地点➡国道へ。そこを北に進みヤオハンの角を西に曲がり、熱海・大仁線➡②➡③から仲川を渡り④を通って南門に戻る。最初に門を出たらいきなり聞く。『今、君は地図のどこにいるの？』（騒）『目の前にある川は地図のどこにあるの？』とまどうのは地図と現実を対照できないからだ。拡大地図を提示し付せんを貼って確認する。『南に進むとどこに着くか地図を見て予想しよう』「国道？」地図の向きを進行方向に合わせて歩く。「やっぱり国道だ」

　地図上で着色した13の事象が実際はどこにあるかもチェック。地図がどんな事象をどう表しているかを知る。事前にふれた公共施設も確認し、2時間目終了20分前には教室に戻り気づくことを記入させたい。

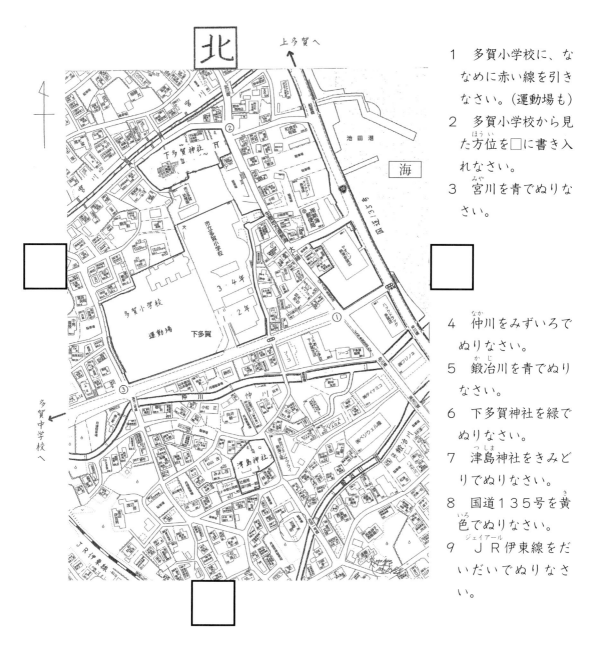

1　多賀小学校に、ななめに赤い線を引きなさい。(運動場も)
2　多賀小学校から見た方位を□に書き入れなさい。
3　宮川を青でぬりなさい。
4　仲川をみずいろでぬりなさい。
5　鍛冶川を青でぬりなさい。
6　下多賀神社を緑でぬりなさい。
7　津島神社をきみどりでぬりなさい。
8　国道135号を黄色でぬりなさい。
9　ＪＲ伊東線をだいだいでぬりなさい。
10　ヤオハン熱海多賀店をももいろでぬりなさい。
11　あてはまる方位を書きなさい。
　(1)　多賀小学校から見て下多賀神社は
　　　（　　）にある。
　(2)　多賀小学校から見て津島神社は
　　　（　　）にある。
12　南熱海郵便局を赤でぬりなさい。
13　「海」の字を水色でかこみなさい。

気づくこと

多賀小学校のまわり　　　名前（　　　　　　　）

学習課題 No.5　空の上から眺めると

通学路たんけんにつなげよう

▶授業のねらい
①地形と事象の関係を地図から読みとる力を育て、グーグルアースで予想を検証する。
②視野を広げて学区の各所や全体の様子を俯瞰し、通学路たんけんへの意欲を高める。

▶授業の展開：地図で気づきを確認。学区全体に目を広げて主な施設を発見する。

▶準備：画用紙で"いちおしポイント"記入用のカードを人数分の倍くらい作成しておく。大きさはＡ４判４分の１程度。裏に両面テープを貼っておくと黒板に貼付しやすい。

1　何がどんな場所にあるのかな？──地形と事象の関係を探る

　学習課題No.4（前時の学習）を受け、次のように発問したい。
　『君たちがさっき通った道を地図に赤くぬろう。』どこを歩いたか想起して地図上の曲がりくねった"帯"をぬっていくと、それが実際の道と同じことが実感できる。歩きながら確認した公共施設の位置等も記入させ、事象がどう地図に表されているか理解を深める。
　『では、国道があるのは海側か山側か』「海側」『なぜ？』「平らだからです」「山は凸凹だからつくりにくい」『大きなお店はどちら側？』「海側」『なぜ？』「土地が広いから」地形と事象との関係に気づいてくる。だが、その気づきはまだ多くの子に共有されていない。

2　空の上から眺めると？──グーグルアースを活用する

　『君たちの考えは正しいか。空の上から眺めよう』（沖縄県の米須清貴氏の実践に学び、グーグルアースで学校付近を投影）目立つ建物を拡大して確認し、次に学区全体を映すと山側と海側の地形の違いや住宅・施設等の立地の特色も読み取れる。「やっぱり海側の低い土地に道路や建物が多い」『君たちの予想は正しかったね』山にはミカン畑や森があった。

3　通学路たんけんにつなげよう──実態に応じた方法を工夫

　続いて鉄道や広い道・大きな施設を探させ、位置関係を確認する。『自分の家はどのあたり？』（つぶやき）『家から学校までの道に、みんなに教えたい"いちおしポイント"はある？』
　「ある〜」『公共施設は？』「？？？」『１つ探してこよう』翌日登校したら教卓上のカードを取り、探したモノの名・絵記号をえんぴつで濃く描いておくよう指示する。（人数が少なければ描く数を増やす）
　こうして各自に通学路たんけんをさせてまとめていけば、あまり多くの時間を使わない。

No.2 地域たんけん
地域と子どもの実態に応じた学び

いろいろな学び方があるよ

　地域たんけんの方法は多様である。1は静岡県の地方都市 2は沖縄県の離島 3は沖縄県の大都市（那覇）郊外と、条件の異なる地域での実践を紹介したい。

　学級規模も30数人から10数人までさまざま。地名の謎ときから・知らないことを武器にして・生活科での学びを生かすことからと、方法も多彩である。

　あなたの学校の地域にはどんな特色があるのか。その実態に応じて、参考にすべき点をくみ取ってほしい。

1　赤ペンで励まし、うろちょろたんけんを育てる

▶地名「上耕地」を探せ！──問いと答えの間隔をあける

　隣の市に転勤して西も東も分からない。そこで教師も知らない謎の地名探しから地域への関心を育てようと考え、子どもが利用するバス停の名「下耕地」を提示する。

　『"した"ではなく"しも"と読みます。"しも"の反対は"かみ"です。「上耕地」はどこにあると思いますか？』子どもたちからは、A説 上だから空にある。B説 上＝高だから山の方にある。C説 下と上は下流⇔上流のこと。川をのぼっていくとある。以上３つの意見が出る。どの考えも否定しない。『本当はどれだろうか？』

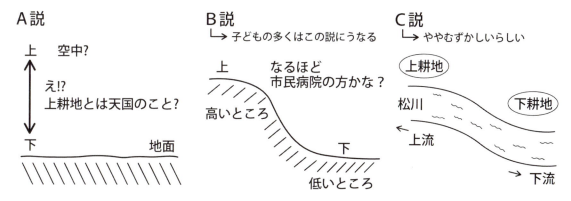

　問いと答えの間隔をあけると、有志のうろちょろたんけんが始まる。その小さな芽生えを大きく育てる。全員を一斉に動かそうとは決して考えない。ここがポイント。

▶赤ペンでノートに評価と助言──動かない子も学びに引きこむ

　まず数人が山の方へたんけんに行く。かんたんでもノートに書いて報告させ、赤ペンで称揚。みなの前で発表させて再び称揚。結果ではなく行動したこと自体を褒める。他の子にも広がり、朝教室に来るといつも数冊のノートが教卓に載っているようになる。

　たんけんに参加しない子も授業の様子をこう記した。「わたしは、はっぴょうしなかったけど、かみこうちは泉入口の方か、しもこうちのほうか、たたかったようなはつげんばっかりでした。分かれてしまったので、こんどの社会がおもしろくなるぞ」学習はどう進むか。

①意見の対立が調べる意欲を高める

仮説を4つに整理し「そこで」と方向づけ。

> かだい
> 「上耕地はどこにあったのか」
> ① みんなのしらべたこと。(じょうほう)
> 4つのいけんに分かれた。
> ① 泉入口と青果市場の間
> ② 南伊東駅のうら
> ③ 大樹のあたり
> ④ 下耕地のうら
> ・そこでどのいけんが正しいか調べることになった。

②地域の高齢者が"先生"になる

子どもたちは①に続いて、地域の人たちからの聞きとりを始めた。

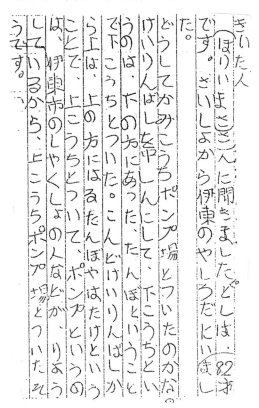

> きいた人 ほりいほとぞうさんに聞きましたどしは・82おです。ごいしょから伊東のやしろだにいきました。
> どうしてかみこうちとついたのかな。けいりんばしにして、たんぼけいりんばしにした、たんぼのほうにあったからじょうちというのは下こうちとついた。こんどけいりんばしにした上の方にあるたんぼやはたけにはポンプ場というのがとついて、ポンプ場というのでりょうほうのことで、上こうちポンプ場とついた、伊東市のしゃくしょの人などが、りょうほうしているから、上こうちポンプ場とついたそうです。

③バスの中から「上耕地ポンプ場」を発見！

見つけた場所を地図に表したことを評価する。

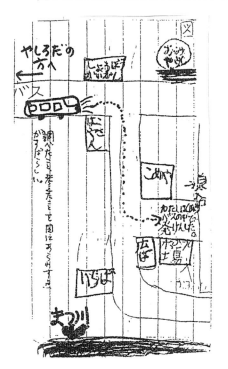

④上耕地は「点」ではなく「面」だった！

本（資料）を使って調べたことを評価する。

> おかあさんとぼくでサガシヤへ行って、むかしの地図で調べた。
>
> 調べた本の名前
> （目で見る伊東のれきし）

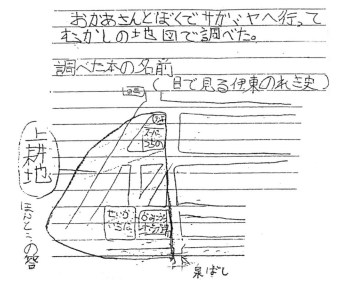

⑤子ども以上に保護者も熱中

詳しい地図に表す中で、現在の地域の様子と昔の地名との関係が明らかになってきた。

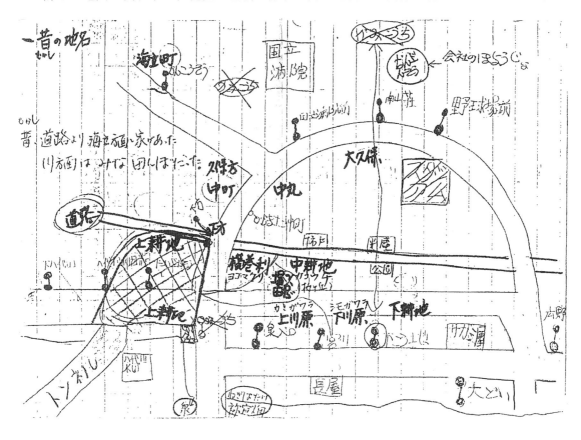

⑥自分たちの力で課題を解決した喜び

調べる力の向上も自覚されている。

　個々の発表を全体で話し合えば全員参加につながる。地域・地名への関心はさらに高まる。しばらく経つとついにO君が発見。

「先生、あったよ。お母さんと探した。青果市場の近くに"上耕地ポンプ場"の看板があった」彼は母親と古い地図もチェックし、松川の上流から順に 上耕地 中耕地 下耕地 と名前がついていることを確かめた。

　学習の主人公になると子どもは燃える。連れて歩かなくとも自ら地域を探し回る。地域は、子どもにとって急に価値あるものとなり、ついには親も参画して学びが深まる。教師が地域を知らなくとも大丈夫。全員で一斉に歩かなくとも地域調べは出発できる。

（茶田敏明　静岡県伊東市での実践）

2　地域を知らないことを武器に子どもに案内してもらう

▶教材研究は子どもとともに—児童理解もできて一石二鳥

　①地域を知らない。②経験がない。③教材研究の時間がない。新採で3年担任になると、たちまちこの三重苦に見舞われる。周りは知らない人ばかり。学区はおろか学校のどこに何があるかも分からない。その知らないことを武器にして、『来たばかりでこの町のことが何も分かりません。みなさん、ここのよいところを教えて下さい』と子どもに頼む。人数が多ければ、通学区や字（あざ）をもとにグループ分けしたい。

　事前に学級通信で『用事のない子は協力を』と訴える。始業式の次週の土曜日等はねらい目。「休みの日にも一生懸命な先生だ」と思ってくれる保護者に支えられた。新年度早々子どもとおしゃべりでき、教室では見えない姿も見える。つまり、地域を知るばかりでなく、心の解放の中で子どもと相互理解を深めることもできるのだ。

▶教え合う子ども主体のまちたんけんへ

　子どもは先生に教えたくてたまらない。家の人から事前に「よいところ」を聞かせておくとさらに話したくなってくる。消防署・交番・図書館等の施設は教師の側も見逃さない。

先生：あなたの地区には、こんなすごい○○があるんだね。まちたんけんの時にみんなに教えてあげよう。

　こうして子どもとの「散歩」や対話を通して「教材研究」ができたら、次はいよいよ「子どもが教え合うまちたんけん」にふみだす。（学習課題No.4参照）自分の地区に入ると、その子が他の子に自分の言葉で説明してくれる。その言葉は、教師以上に子どもの心に響く。主体性と表現力・聞きとる力が関連して育つ。みんなに社会科の時間が楽しいという印象を残す。教師は安全管理に徹したい。（儀間奏子　沖縄県伊平屋村）

3　"生活科の道"を再たんけんして社会科につなぐ

▶おすすめスポットしょうかいの会を開こう—自然と社会を分ける

先生：生活科ではどこのたんけんにいったの？
　——すぐに「琉大！」と声が挙がる。外に出ると、目立つ建物や虫のいる原っぱ等をわれ先に教えてくれる。生活科での既習経験を生かすから活動が子ども主導で進む。その関心を社会事象にも向けさせる。

　教室に帰ると学校周辺の「おすすめスポット」を書かせて発表へ。黒板を埋め尽くした紹介シートに記された事項は次ページの板書例のように自然と社会に分けていく。

▶板書例

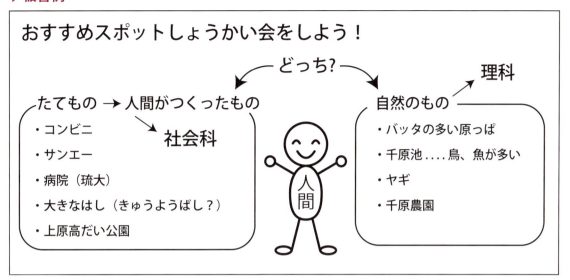

　絵地図づくりでは、生活科で発見したことを描く子も出る。できあがったらそのエリアをグーグルアースで上空から眺めさせよう。さらに範囲を広げると学校が立地する西原町全体が俯瞰できる。

　すると、自分が行ったことのある場所を発表する子も出て、地域から町全体へ関心が広がる。

　ここで西原町のぬり絵地図を配って４方位を書きこませ、絵地図に記した設問に従って附属小・それ以外の学校・病院・工場・ビーチ・知っている場所等に着色させて学区の学習を町全体に広げる。

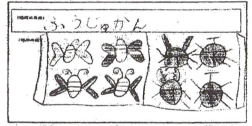

▶**モデル共通学習を各自の地域調べに生かす**

　各地から子どもが通ってくる附属小のような学校では、最初はこうして学校周辺のモデル地域で共通に学ぶ。それに続く西原町全体の学習で育った力は、個々の家庭周辺の調査と地図作成に応用させる。

　そうした応用によって、地域を調べる力がさらに確かになっていくのではないか。進んで協力する保護者も多い。（米須清貴　沖縄県西原町）

学習課題 No.6　絵地図をつくろう①

東西南北に何がある？

▶**授業のねらい**
　①地域から探してきた事象を絵記号で表し、学校の四方位に区分して分布の様子を知る。
　②自分たちがつくった絵記号を相互評価して、そのよさに気づき、作成の視点を学び合う。

▶**授業の展開**：貼る活動・区分する活動・相互評価する活動 のメリハリをつけてつなぐ。

▶**準備**：子どもが選んだ絵記号を大きく映し出すため、実物投影機か電子黒板を用意する。

1　探してきた"いちおし"を北と南に分けて貼る──自校の立地の特色に応じて

　例えば黒板に 学校 北 南 東 西 と板書。次は学校前に①の道を赤い横線で東西に書き、その線を境に北と南に地域を分ける。
　──自校周辺の特色に応じて二分する。

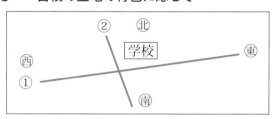

先生：教えたい"いちおし"を探せた人は？
児童：は〜い。　先生：りっぱ。　──できた子を褒め、探せない子を叱らない。
先生：あった場所は学校前の道より北側か南側か。つくった絵記号カードをあてはまる場所に貼ろう。混まないように静かに貼るには？
児童：順番に貼る。前の席の人から貼る。黙って貼る。
先生：その通り。これからもそうしよう。　──徹底すべきことははじめに押さえる。

2　絵記号を西と東にも分けてみよう──子どもの声を生かして

　次は②の道と東西の方位を記入する。
先生：黒板に貼ったカードを西側と東側に動かして正しい場所に置こう
　──「西だ、東だ」という子どもの声に沿いながら教師がカードを動かす。
　いくつもあるものは１つにまとめて貼る。場所がはっきりしないものは、今はおよその位置でよい。通学路たんけんで見つけたものの整理はこれでひとまず完了。気づきがあれば発表させる。

3　いいと思う絵記号は？──相互評価につなぐ

先生：すばらしい絵記号がいっぱいだ。順に前に来て「いいなあ」と思う絵記号を１つ選んだら席へ戻ろう。わけを書いて発表しよう。
　──「○○さん─〈絵記号の名〉─わけ」と、空いているところへ板書してノートに記入させる。子どもが推薦した絵記号のカードを黒板からはずして、次々画面に投影。発言を生かしながら、㋐マークを生かす・㋑はたらきを表す・㋒様子やかたちを描くという３点から根拠を明示して作品を評価する。（学習課題No.7を参照）

それぞれが工夫して、いい絵記号を作成したことを評価して授業を閉じたい。

▶事後の作業：次時にどうつなげるか

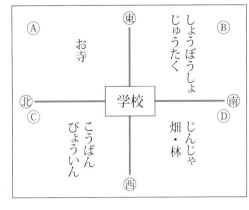

①絵記号カードが貼られた黒板をデジタルカメラ等で写し、いくつかの事象の文字だけを右のようなシートに4区分して記入しておく。
（次時の絵地図づくりの際に配布）

②ＡからＤに記した事象が少なければ、全ての事項を各班で絵地図に記入させる。事象の数が多ければ、Ａ〜Ｄを班ごとに分担して記入させる。

③教師は次時までに、およそ4人を基準にグループ分けをしておく。Ａ〜Ｄの地域にそれぞれ家のある子が班に入るようにすると教え合いが可能となる。

④生徒が評価した絵記号に教師が紹介したい作品を加え、次のようなシートを作成しておく。（次時での活用法は次ページを参照。）

名前（　　　　　　　　）

1〜7は何をもとに絵記号をつくっているか。

㋐ マーク

㋑ はたらき

㋒ ようす・かたち

学習課題 No.7 絵地図をつくろう②

絵記号づくりからスタート

▶**授業のねらい**
　①友達の作品から絵記号づくりの視点を学び合い、絵地図づくりへの意欲を高める。
　②さまざまなつまずきを想定し、班で協力して乗り越えられるよう個への支援を行う。

▶**授業の展開**：つまずいて悩み対立し、でも協力してつくる過程を尊重して温かく寄り添う。

▶**準備**：学区の拡大白地図を用意。ない場合は、百円均一で買った写し紙を市街図の上において道路だけを書き、拡大器にかける。5cm角・7cm角くらいの画用紙片を、事項の数×班の数より多めにつくって絵記号を描くために使う。
　――学区が狭い場合は、同一の白地図を班の数だけ作成。学区が広い場合は2分割または4分割してから拡大印刷し、班ごとに**地域を分担**して作業させる。後で貼り合わせると大きな絵地図ができる。だが、絵記号の数が多くなり作業範囲が広がると、膨大な時間がかかり意欲も低下する。児童数や力量に応じて調整したい。

1　絵記号づくりの3つの視点を再確認――見本を見て絵地図のイメージをつくる
　先生：前の時間は絵記号をつくったね。何人かの作品を紹介します。
　　　――前ページのシートを配布。
　先生：**マーク**から絵記号をつくった人は？
　児童：るりさん。　――校章をもとにしたことを確かめる。
　先生：**働き**を描いた人は？
　児童：ひろなさんとかなこさん。
　　　――ずばり消火する消防車やポンプを表したことを評価。
　先生：**様子やかたち**を描いた人は？　　児童：いっぱいいる。
　　　――建物や施設・畑や林等の絵記号は全てこれにあてはまる。これらの視点は地図記号を学ぶ際にも活用。
　先生：君たちも自分の絵記号をつくり、それを入れて世界に1つだけの絵地図をつくろう。教科書にその見本があります。見つけられるかな？
　　　――各社とも、「整理した絵地図」（東書）「みんなでつなげた絵地図」（教出）「絵地図を整理する」（日文）「できあがった絵地図」（光村）等の主題で分かりやすい絵地図を紹介している。子ども自らに発見させ、参照させたい。

2　つまずきを通して成長へ――よい表れを広げ、問題にすばやく対応する
　やる気が高まったところで、『みんなで活動すると必ずもめるけど、それも勉強、それを乗りこえるのも勉強だからね』と押さえておく。活動に移ってから「ああ、ほんとだ。やっぱりもめたけどこれも勉強のうちなんだな」と思う子を1人でも増やしておくのである。

①班の構成（違う通学区の子をできるだけ組み合わせ）と席の場所を発表。
②移動して机を向き合わせる。
③それができた班は、絵記号にしたい事項のリスト（前時の事後作業で作成。Ｐ43参照）と絵記号記入用カードを班長が取りに来るように伝達する。

班長には『ノート等要らないものをしまう。困りそうな時は早めに相談する』との２点を教室に響く声で指示する。中細マジックインキセット等も渡したい。

いざ取りかかると、予想通り子どもたちはあらゆるところでもめる。例えば次のようなケースと対応策を想定して問題が起きた班にすぐ直行できるようにしておきたい。

> 分担：誰が何を絵記号にするか。希望を生かしながら公平に決めるのが難しい。
> ――我を張らずに気持ちよく譲る子・決まらない所はジャンケンで決める班等、よい点を見つけたら板書して響く声で評価。自分たちも工夫しようと思わせる。

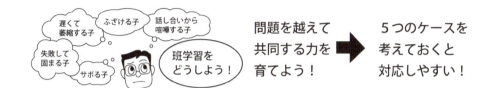

> 作成：各班をまわり、指示・支援を行う。よく起こるケースは５つ！
>
> ①雑に描いてよしとする子・描き方が分からないと言ってサボり出す子➡１で渡したシートの絵記号を参考に、どこをどう直すかいっしょに考えてヒントを与える。
> ②下書きに時間をかけすぎる子➡『ここまでていねいにできるので本描きしても大丈夫。まじめにやって失敗したらどんどん代わりをあげるよ』と安心感を与える。
> ③失敗したと思って固まる子➡『頑張って失敗したら次に生かせばいい』代わりのカードを与え、できた作品を失敗作と比べてその進歩を褒める。（失敗作は捨てない）
> ④自分ができると他の子を遊びに誘う子➡『早くできるのは君に力があるからだ。他に何があったか思い出して絵記号にしよう。他の班より詳しい絵地図ができるぞ』
> ⑤友達に注意しても聞いてもらえず相談にくる子・注意から口喧嘩になってしまう➡『見過ごさないのが偉いね』両方の言い分を聞いて解決に協力する。

3　拡大白地図に挑戦――２つの仕事を同時に班に与えない

学区の拡大白地図は、半数以上の子が絵記号をつくり終わった班から順次渡す。２つの仕事をみなが同時に行うと混乱するからだ。また、ある班が絵地図づくりにまで進むと、「自分たちも頑張ろう」と他の班も刺激される。その際、班長には次のように伝える。

> ①班の中で仕事を分ける。１人で１つの仕事か２人で２つの仕事かどちらかにしよう。
> ②絵記号がうまく地図に入らない時は、教科書のやり方をまねしよう。

Ａ４かＢ４の色模造紙も１枚渡す。どんな絵記号が何を表すか説明を書いて地図に貼らせる。さあ、いよいよ絵地図づくりの開始。２時間続きとして次時も作業を続けさせたい。

学習課題 No.8　絵地図をつくろう③

8つのつまずきを想定して対応を!

▶授業のねらい
①工夫してつまずきをのり越え、全ての班が絵記号を地図の適切な場所に当てはめる。
②家や田畑等、主な地目の色分けを時間内にどれだけできるか班で協力して努力する。

▶授業の展開：全体への一斉指導をやめ個別に対応。早く終わる子への対応も想定しておく。

1　絵記号カードを地図に貼る──どんなつまずきが起きるかな？

つくった絵記号カードを地図に貼っていくと、例えば次のような問題が起きやすい。

> ①正しい場所が分からない。②カードが大きすぎて道にはみ出す。③同じものがあちこちにある。④絵記号か分かりにくい。⑤多くの班からの同じ質問で教師が時間を消費。

各班をまわりながら、①〜⑤について次のように対応してもよい。
①➡『その場所を知っていそうな友達に聞こう』（他班の人と学び合う）『行き帰りに通る人がいれば確かめてこよう』（自分で確認）家に帰ったらグーグルアースで調べてもよい。
②➡『教科書ではどうやっているかな？』「カードは使わず地図の上に絵を描いている」場所が狭ければ小さく描けばよい。絵の大きさは自由に調整できる。
③➡『分身の術を使おう』つまり、同じ絵記号をそれぞれの場所に描けばよい。
④➡『絵記号の下にその名前を書こう』分かりやすく描き直してもよい。
⑤➡『その答えは○○班の人が知っているから聞こう』すでに解決した班に聞きに行かせる。教師は手間が省け、その力を他の支援に振り向けられる。

こうして対策を想定しておけば、個々のつまずきに対応できる。すると、それ以外に想定外の問題が起きても対応しやすい。

2　作業前、全体の場で多くの注意を与えない──実感がわかずになり効果が乏しい

では、作業前になぜ全体の場でこうしたことを細かく注意しないのか。それは、まだ問題に直面していない子には多くの注意を与えても他人ごとでピンとこないからだ。つまり、いくら長時間説き聞かせても事前の注意は子どもの頭に残らない。しかも、肝心の作業時間は反比例して減っていく。早く作業に移りたい子はじりじりするばかりである。
子どもが作業中に問題にぶつかり質問しても、『さっき言ったのに聞いていないのか』と怒ったのでは、楽しい学習も楽しくなくなる。

3　絵地図づくりの作業が進む──"全員活動"をどうつくる？

作業が進むと、手持ちぶさたで何もやらない子が出てくる。理由は２つ考えられる。

⑥仕事のやり方が分からない。
⑦自分の仕事は終わったが、新しい仕事を見つけられない。

⑥➡『作業ストップ。○○さんが困っているよ』その子の困っている問題を班の人に投げかけ、解決策を考え合わせる。『問題が起きるたびに、こうして相談しよう』ここから班で学び合う習慣を育てる。気配りのできる子がいれば、まずその子に○○さんの話を引き出してもらってもよい。

⑦➡『この班で仕事が遅れて困っている人は？』こう問いかけて遅れた子の存在に気づかせ、『誰か手伝ってあげる人はいないかな？』と投げかける。仕事の遅い子がいない場合は、地図中の空白部分に着目させて問いかけたい。『空いている場所には何があるかな』「家が並んでいる」「畑がある」『教科書では、何軒もある家や建物・畑はどう描いてあるの？』「同じ色でぬってある」『では、色を決めて空いたところをぬろう』

㋐絵記号カードづくり➡㋑記号の地図への貼付や転写➡㋒家や田畑等の地目の色分けへ。学習課題No.7〜No.8にかけては、この３段階を通して絵地図づくりを進めたい。

4　遅い班と早い班の調整は？──到達目標と努力目標を区別。

⑧作業の遅い班と早い班の差が広がる。

作業が後半に入ると、新たにこうした問題が起きてくる。その調整は上記の㋒地目を色分けする段階で行うとよい。私案を示す。

まず班の作業を一時止めさせて、ゴールを明示する。『この時間で絵地図づくりは最後です。①まだ描いてない絵記号は必ず描きます。②色分けは時間の中でできるだけやればいいです』①は達成目標。②は努力目標。ここで進度の差が調整できる。

遅いがていねいな班、早いがていねいさが今ひとつの班の絵地図を示し、それぞれのよさや課題を確認する。残りの時間で何をすればよいかイメージできたら作業再開。終了時に①の達成課題ができていれば、②は途中でも提出させたい。（最終の授業は午後の最後に行い、①の目標が未達成の班はかんたんな帰りの会の後に教師が支援しながら完成させてもよい。）

▶ミニ発表会を開こう

絵地図が完成したら班ごとに持たせて前に出し、ミニ発表会を行いたい。「私（僕）は…をしました」（指示棒で該当箇所を示す）・「分かったこと（感じたこと）は…です」の２つは最低全員に発表させる。つけ足しは大歓迎。原稿を読むのではなく、したこと・感じたことのメモをもとに話すことが発表なのだと実感させたい。

No.3 地域と子どもの実態に応じた学び
空間認識の発達

学校➡自宅➡学区へ広げる地図づくり

探す（学習課題No.1 楽しいぬり絵たんけん地図）➡読む・使う（学習課題No.4 せつ明するのはわたしたち・学校のまわりをぐるり）➡絵地図づくり（学習課題No.6 東西南北に何がある？）へと進んできた地域の地図学習。

ここではまず学校から自宅への道を描き、その周辺の道や施設にも目を向けさせて子どもの空間認識をさらに広げたい。

▶**スタートは「つぎたし地図」**

学校附近の白地図（□内の地図）を配布。『学校から家までの地図を描こう』とよびかけて次のように指示したい。
①この白地図のなかに家のある子は、周りの店や施設も描き入れよう。
②この白地図の外に家があれば、紙をつぎたして家までの道と目印を描こう。

Ⓐくんは1枚つぎたしてもまだ足りない。結局、さらに1枚加えて右のような地図を完成させた。

道沿いにクリーニング・とけいや・そろばん塾がある。その先のカベを右に迂回してから左に折れ、「じごくのかいだん」を上がっていけば右側に自分の家がある。

Ⓐくんは道の「線」を学区の中で縦と横に組み合わせることで、遠い自宅と学校をつなぐことに成功。

だが、他の事象や地図記号を描き入れるまでの余裕はなかった。

Ⓐくん

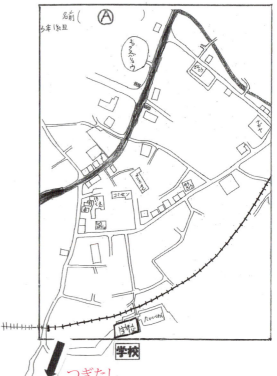

▶**「線」を「面」に広げるには？**

これに対してⒷさんは、次ページのような「広がり地図」をつくった。

まずは白地図の上部に紙をたし、学校から北に進んで自宅までの道を記す。だが、それで終わらず白地図の左右にも紙をたして道路や事象を描く。

左に描いた紙上の道はついに中央の紙上の道とつながった。

こうして「面」の地図ができあがっていく。

地図記号を入れることで完成度はさらに高まった。

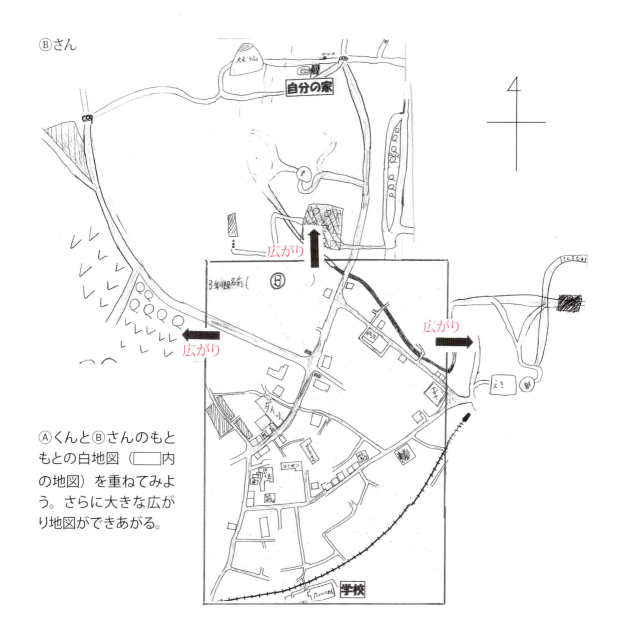

ⒶくんとⒷさんのもともとの白地図（☐内の地図）を重ねてみよう。さらに大きな広がり地図ができあがる。

▶班で１枚の学区地図にまとめよう

　ここで教師はⒶくんとⒷさんの白地図部分をぴたりと重ねて提示する。『気づくことは？』みなさんも頭の中で重ねていただきたい。学校附近の地図の四方に道路が延び、大きな地図ができるではないか。こうして示せば、自宅までの地図は学区の地図に広がる。

　『自分がつくった地図を持ちより、班でもっと大きな地図をつくろう。この時間でどれだけできるか』

　模造紙の中央に学校附近の地図を貼り、糊やハサミで各自の描いた地図を切り張り。加筆も必要だし重ねる部分もある。時間が来たら途中でも『ハイやめ！』次時はつくった大地図をもって前に出て発表する。「そうか。そこはそうなっていたのか」「○班は見やすい」

　こうした共同作業と学び合いの中で、学区全体に視野が広がり子どもの空間認識はさらに発達する。（宮村和秀　静岡県伊東市）

学習課題 No.9 楽しい地図記号

子どもが答えを板書する

▶授業のねらい
①地図記号と絵記号との違いを知り、地図記号のよさとその答えを覚える必要性をつかむ。
②教科書の地図記号を調べて子ども自身が板書し、ノートに写して楽しく名前を覚える。

▶板書例──1では地図記号カード3枚を黒板に貼付。2での手書きは定着につなげる。

```
楽しい地図記号

1  [病院記号] [郵便局記号] [学校記号]
    びょういん  ゆうびんきょく  学校

絵記号よりかんたん　わかりやすい
ほかには？

※知っている子に、4つか5つの地図記号
とその名前を板書させる。教師は色チョー
クでそれを補整し、マルをつける。

2  地図記号を調べよう
※展開
①さまざまな地図記号を教科書で調べ、
　子ども自身が次々と板書。
②教師はそれらに1から順に番号をつける。
③ノートに写させ、答えを言えるようにする。
④覚えたら3にすすみ、指名して次々に
　答えを板書させる。
⑤順次答え合わせをして正解者を褒める。
```

▶授業の展開：黒板を子どもの学習手段として3回活用。知る楽しさを覚えきる喜びに。

1　どんな地図記号があるのかな？──知っている子が板書する

先生：これなあに？
　　──①を提示。
児童：赤十字。病院だ。
先生：その通り。赤十字のマークで病院
　　　を表している。
　　──次に②を提示。

① 　② 　③

郵便局。昔は逓信省という役所が郵便を扱っていた。その「テ」をマークにしたのだ。
　　──最後に③を提示。文を読み書きして勉強する学校の「はたらき」を表す。
先生：これらを何記号というか分かる人！
　　──教師が力強く告げ、まっすぐ手を挙げる。挙手発表を求めるしぐさである。(No.1参
　　　照)多くの子もまっすぐ手を挙げる。ふだん目立たない子を指名。
児童：地図記号です。　　先生：大正解。絵記号と比べると？
児童：かんたん。図がヒントになって分かりやすい。クイズみたい。
　　　絵記号と違って全国共通どこでも通じる。こうして地域にあるモノ（具体）を一般化する

のが、生活科にはない社会科の特色である。
　つまり、具体➡半具体（絵記号）➡図像（地図記号）へと抽象化が進む。『他にも地図記号を知っている人は？』今度は物知り派数人を指名し、板書させて答えを確かめたい。

2　地図記号を調べて覚えよう――教科書を見て順に板書（板書例2を参照）

先生：教科書にも絵地図があるね。では、地図記号を入れた地図はどこに載っているかな？
　――どの教科書にも絵記号の地図と並べて載せてある。
先生：2つの地図を比べて気づくことは？　　児童：地図記号を使う方が見やすい。
先生：そこにどんな地図記号があるか。全部○で囲もう。
　誰もが作業に集中。終わった子は挙手して「ハイ」と言い、教師が「ハイ」と答えると手を降ろす。これで各自の進度は一目瞭然。できた子を順に指名し、答えた地図記号のかたちを黒板に板書させていく。何をもとにつくられたかも補説して答えを確かめたい。
先生：地図記号を使うと確かに見やすい。でも、意味を知らなかったら？
児童：だめ。何のことか分からない。
先生：では、名前を覚えよう。今から黒板の地図記号をノートに写してその答えを言えるようにしよう。時間は7分。
　――教科書参照。教師は、子どもが板書した地図記号に1から順に番号をつける。ペアで問題を出し合うのも楽しい。

3　黒板で地図記号をテストする――忘れても教師が助け船

先生：ここでノートを閉じます。黒板に答えを書いてもらおう。（教師は答えを消す）
　――座席の端から指名。次々前に出して答えを記入させていく。途方にくれる子がいたら、『忘れたらノートを見てもいいよ』と近くでつぶやく。答え合わせの時は大きな○をつけたい。
　日本の地図記号の数は161。（2万5千分の1地図）その学習の第一歩はこうして始まる。時間があれば、訪日外国人向けの地図記号16も紹介したい。（2016年3月30日公開）

（国土地理院の外国人向け地図記号）

項目	地図記号	項目	地図記号
郵便局	✉	コンビニエンスストア/スーパーマーケット	🥤
交番	👮	ホテル	🛏
神社	⛩	レストラン	🍴
教会	✝	トイレ	🚻
博物館/美術館	🏛	温泉	♨
病院	⚕	鉄道駅	🚉
銀行/ATM	💴	空港/飛行場	✈
ショッピングセンター/百貨店	🛒	観光案内所	ℹ❓

> **地図記号かるたを楽しもう**
> ①市販の地図記号かるたは千円前後。百円均一の店でも小型の製品を入手できる。
> 　朝の会等で係の子を前に出し、みんなに問題を出させてもよい。学習係に預けて休み時間等に貸出させてもよい。
> ②画用紙の表に各種の地図記号をカード形式で印刷。裏に答えを書かせて切り離せば自作かるたができ上がる。宿題にすると多くの子が喜んでやってくる。まったくの自作も大歓迎。
> 　家庭でも家族ぐるみでかるたを楽しむよう勧めたい。

No.4 横断的学習案　地域と子どもの実態に応じた学び
高齢者"4つの交流串だんご"の1年間

▶**1学期は社会科・総合学習と融合 公民館で「楽しむ会」を！**──だんご①

　1学期の社会科では自分たちのまちのありさまを学ぶ。でも、言葉で説明しても今一つ実感がわかないのが「公共しせつ」の役割。そこでまちたんけんの続きで公民館を訪問し、それがみんなの願いでつくられ広く利用されていることを見て聞いて確かめる。

　ならば、次は利用しよう。『君たちも公民館を使おう』とよびかけ、人権や福祉をテーマにして総合の時間にコミュニティーセンターで①**「地域のお年寄りと楽しむ会」**を開く。

　社会科から総合へは、横断的学習として例えば次のようにつなげたい。

|社会科|　コミュニティーセンターを調べてその役割を理解し、ボランティア活動には無料で使えることを知る。

①|何でも知ってるみんなへ──コミセンクイズ|（行く前に）
　・車いすで入れるトイレは何階？　・非常階段は幼稚園側？郵便局側？
　・やっているのはどんなダンス？　・他にやっていることは？

②|コミセン見学|　行って調べる　聞いてみる
　・「部屋を使うお金はいくら？」…『ボランティア活動で使えばただです』

|総合|　よく相談して相手に喜んでもらうよう工夫し、高齢者との交流を深めて表現力を育てる。

児童：わーい ボランティアはただだって！何かやろう。
先生：お年寄りをよび一緒に楽しもう。
児童：何をしたら楽しんでくれるかな（相談）半分は出し物、あと半分はお店を出そう。
　〈前半〉リコーダー・劇「水戸黄門」・ダンス〈後半〉コマ・卓球・輪なげ・オセロ

　当日は50人の高齢者が劇「水戸黄門」やリコーダー演奏を楽しんだ。これが第一弾だ。

▶**2学期は、知り合った高齢者を運動会等の**|行事|**に招待**──だんご②と③

　|だんご|②は「ふれ合い運動会」の意味を持たせ、子どもたちの活躍を見学してもらう。これが第二弾。対話しながら孫たちの輝く姿を見るのは楽しい。希望者は、かんたんな種目に共に参加してもらう。

　話を聞く経験や無理強いしない配慮も学ぶ等、他者への思いやりを養う場ともする。

---

①自作の招待状を、子どもたち自身が地域の老人会や高齢者施設へ届ける。（事前連絡）
②いっしょにできる種目を工夫。順送球──高齢者はボールを送るだけ等…。
③当日はいっしょに競技したり、見学しながらいろいろおしゃべりする。

続いては、クラスごとに開く だんご の③「児童大集会」にお年寄りをご招待。ここでも踊りや劇「ドラえもん」を上演。人前で演じることに慣れてくる。車いすの方も来場、支えられて2階の3年1組の「劇場」まで来た方もいて子どもを感激させた。これが第三弾。

3　3学期は社会科に戻り、「地域のお年寄りから昔を学ぶ会」── だんご ④

　こうした積み重ねの上に、3学期は だんご の④「地域のお年寄りから昔を学ぶ会」を、老人会の例会に合わせて地域のコミュニティセンターで行う。今度は、まちの「公共しせつ」を活用するお年寄りたちのつどいに子ども側が合流するのだ。

> 社会科　身近にある昔からの道具を持ち寄り、使い方を教わり使った時代の話を聞く。高まった関心を郷土資料館の見学や聞き取り調査につなげ、新聞にまとめて発表する。

　顔なじみの高齢者も増える。この日のために練習した音読劇・ダンス等を披露した後に昔の遊びや食生活・戦争中の生活について質問し、学びを広げる。第四弾も盛り上がった。

　地元の伊豆新聞は、その様子を「身を乗り出して真剣な表情で話に聞き入り、暮らしの違いに驚きながら熱心にメモを取った」と記述した。1回だけの『打ち上げ花火』ではなく、1年間交流を深めてきた成果である。社会・音楽・国語・体育等の教科と総合的学習の融合。真の道徳性はこうした横断的学習の中で培われる。

　その時々に書かせた感想を最後にまとめて絵を入れさせると、すてきな大判新聞ができあがり振り返りの機会ともなる。　〈宮村和秀　静岡県伊東市〉

（上Ⓐの「楽しむ会」は1学期の6月22日に、左のⒷ「学ぶ会は」3学期の2月22日に行われた。伊豆新聞より。）

| 学習課題 No.10 | わたしたちの市① ※「市」は地域によって区町村等に適宜置きかえ |

これは何？ここはどこ？

▶**授業のねらい**
　①知っている施設や建物がある場所を確かめ、他地区や市全体の様子に関心を広げる。
　②他にどんな施設があるかクイズで考え、市が県の中で占める位置と市のかたちを知る。

▶**板書例**──１・２の事象は各自治体固有のものに変え、３には自県・自地域の略図を板書。

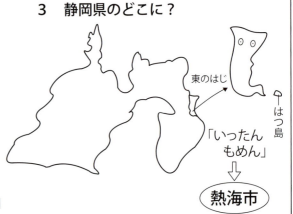

▶**授業の展開**：１は短めに。２で盛り上げる。時間がかかりそうな時は問題数を減らして調整したい。

▶**準備**：事前に郷土読本にある写真や地図を取りこみ、投影できるようにしておく。

１　空からたんけん・これは何？──学区から市へ視野を広げる

　グーグルアースで学区を投影。学校や自分の家を見つけると活性化する。たんけんした場所の想起が一段落したら、さらに上空から市域全体を俯瞰する。
先生：山や海はどこにあるの？　　児童：分かりやすいので口々につぶやく。
先生：川はどこ？　　児童：そこ〜。　　先生：ここかな？名前は？
　──子どもが示すところを指示棒で指して名称を確認する。　　先生：これは何？
　──目立つ施設や建物を拡大すればすぐに見当がつく。
児童：市民グラウンドです。知っている。行ったことある〜。
　──その名をサインペンで付せんに書いて貼付する。
先生：他に知りたい所は？
　指名された子が前に出て該当箇所に付せんを貼る。予想を出し合い、答えが分かったら付せんに書く。他にも２、３やってみたい。

こうすると市のどこに何があるかが分かり始め、学区から市全体へ視野が広がっていく。

2 写真当てクイズ・ここはどこ？これはなに？――郷土読本をフル活用

先生：ここでクイズ。今から見せるモノの名前を当てよう。

例えば次のように行いたい。

①郷土読本にある市内の施設・名所等の写真をそのまま画面に映して答えを予想。
②どれが正解か。自分たちで郷土読本からその写真を探し出して確認。
③最初は「1 わたしたちの熱海市」に限定して出題。分量が26ページなので探しやすい。交通・観光・行政・離島・水道施設等を下の㋐〜㋔のようにバランスよく出題したい。
④続いて残りのページ全てから出題。レク等の施設・伝統行事・漁業・農業等を㋕〜㋙のように入れる。（各自治体の特色に応じて変更）席を班ごとにして対抗戦で行うと盛り上がるが時間もかかる。問題数を減らして時間短縮してもよい。

㋐熱海駅　㋑海水浴場サンビーチ　㋒市役所　㋓初島灯台　㋔宮川浄水場　㋕姫の沢公園　㋖起雲閣　㋗下多賀神社・水浴びせ式　㋘ひものづくり　㋙みかん畑（多賀）

こうして「写真探し」に没頭する中で、熱海市に関する多様な知識が想起・発見・蓄積されていく。はじめて学ぶ郷土読本への親しみも増し、内容への関心も高まってくる。

3 熱海市はどこ？――県や自分たちの市町村のかたちをモノに例えさせる

先生：わたしたちの熱海市は何県にあるの？
児童：静岡県。
先生：静岡県の真ん中か端っこか？

いろいろ出た後、やはり郷土読本から取りこんだ右の地図を大きく提示する。

児童：あった。端っこだ。
先生：どちらの端？　　児童：右。
先生：どの方位？
　　――県の東の端にあると言い直すように導きたい。

『熱海市中学生副読本「熱海」第15訂版』（熱海市教育委員会）

先生：静岡県は、西向きの金魚のかたちをしている。
　　――地図の輪郭を指示棒でなぞる。
　　目に相当するのが浜名湖で、御前崎は胸びれに比定できる。
先生：では、熱海市のある所は？　　児童：しっぽだ。しっぽのいちばん後ろ。
　　――そのため、熱海市は隣の県と接する。
先生：市のかたちは何に似ているの？ゲゲゲの鬼太郎に出てくるよ。……「いったんもめん」です。その熱海市の北にある県は？　　児童：神奈川県。
　　――熱海市の周囲にある市や町の名も確認したい。

学習課題 No.11　わたしたちの市②

どんな地区がどこにある？

▶授業のねらい
①各地区に着色して作業地図を完成、相互の位置関係を4方位で表せるようになる。
②各地区にはどんな違いがあるか、クイズを通して学び合う中で特色をつかんでいく。

▶授業の展開：どの子もできた喜びを実感。学習進度の違いを相互の学び合いに転化する。

▶準備：①右図を参考に郷土読本からシートを作成。②拡大貼付か投影の準備もする。③区が多い場合は設問を東西南北の区に絞る。④写し紙もB5判4分の1に切り用意。

1　6つの地区を確かめる──四方位が苦手な子には写し紙で

先生：熱海市には自分の区の他にどんな区があるか。──分かるだけ発表。
先生：それで全部？何という地区がどこにあるか。ぬり絵地図で作業しながら確かめよう。
先生：ただし！…方位が苦手な人は写し紙を貰おう。四方位を写して自分の区の上に重ねると、その東西南北に何があるかすぐ分かる。
──使い方を演示。該当する地区の上に四方位の紙を置く。それでも分からない子がいたら、答えではなく**方位の見つけ方**を教えるように指示したい。

2　早く終わった子の役割は？──教え方を教える

──（1）①ができたら教師のところへ。すぐにマルをつけると大喜び。私も僕もと頑張る。ただし、粗雑な場合は指導する。(1)②に進むと郷土読本での調べ方や「四方位写し紙」の使い方も分かってくる。(3)まで終わった子は手を挙げて合図。36人学級であれば4〜5人ができたところで前に集め、小声で答えを合わせる。
先生：これから終わる人は、君たちがチェックしてから先生の所へ来させよう。
──先生に合格のマルを貰った子は班内で最も遅い子のコーチに任命。こうして役割を与えていけば早く終わって遊ぶ子が出にくい。シートは最後にノートに糊づけ。

3　各地区のちがいとは？──ぬって終わらず、個の作業を学び合いにつなぐ

──残り時間が10分となったら『あと1分で終わり』。1分たったら『ハイ、やめ』。ぱたりと筆記用具を置かせる。『地区のクイズをしよう。いちばん広い地区は？』答えを確かめ、次は例えば下のように子どもからも出題させる。拡大地図を黒板に貼るか投影すると視覚的にも理解を助ける。

> いちばんせまい地区・周りが全部海の地区・駅のある地区・他の県の隣りの地区・○○がある地区・4つの町や市とつながる地区・人口の多い地区と少ない地区等

不十分な点は教師が補い、市内各地区の特色をさまざまな面からとらえさせたい。

熱海市もの知りはかせになろう

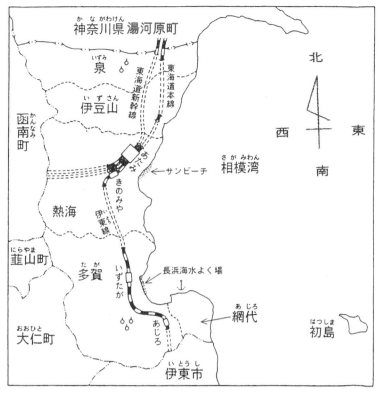

（1）熱海市の各地区を知る。
① 各地区を次の色でぬりなさい。 ※相模湾を青のしゃ線でぬりなさい。
　ア　泉地区…黄色
　イ　伊豆山地区…だいだい
　ウ　熱海地区…もも色
　エ　多賀地区…赤色
　オ　網代地区…きみどり色
　カ　初島地区…みどり色

② 左の地図をみて次の6つの地区の名前を書きなさい。
　ア　網代（あじろ）地区から見て東がわにある。相模湾（さがみわん）にうかぶ島。
　イ　熱海地区の南どなりにある。この地区の西がわには、韮山（にらやま）町と大仁（おおひと）町がある。
　ウ　熱海市のいちばん北にある。この地区の北がわには、神奈川県湯河原町がある。
　エ　泉地区の南どなりにある。熱海地区の北どなりにある。この地区の西がわには、函南（かんなみ）町がある。
　オ　多賀地区の北どなりにある。この地区の北がわは、伊豆山地区。西がわには、函南町がある。
　カ　多賀地区の東どなりにある。南がわは伊東（いとう）市がある。この地区には、鉄道（てつどう）が通っていない。

（2）住んでいる人の数（人口＝じんこう）について…1992年

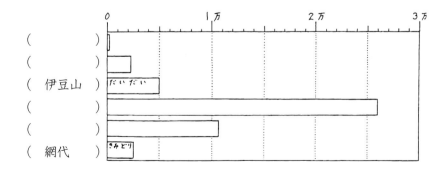

＝市内各地域の位置関係が、ぬり絵地図で作業することにより明らかとなっていきます＝

学習課題 No.12 わたしたちの市③

写真くらべ・わたしたちの市はどちら？

▶**授業のねらい**

①駐輪場の様子を沼津市と比べ、熱海市は山地が多く平地が少ないことに気づく。

②山地と平地では農作物も違うことを知り、熱海市の地形と街の広がりの関係をつかむ。

▶**板書例**──1をまとめる際は、重要語句に棒線を引いて補説するとさらに理解が深まる。

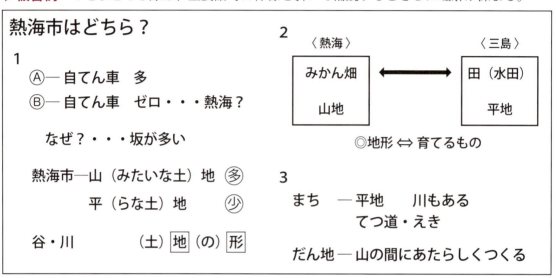

▶**授業の展開**：写真の対比から色分けした地図の対比へ。視覚と作業で楽しく全員参加。

1　平らな土地か坂道か──自転車の有無から気づく地形の違い

　下のⒶⒷを拡大して順次黒板に貼る。あちこちでつぶやき。ニコニコしながら問う。

　先生：1つは熱海市でもう1つは沼津市。熱海市はどちら？

　　──ⒶかⒷに挙手して理由の発表へ。

　児童：Ⓐは自転車が多いけどⒷにはない。熱海は坂が多いので乗る人も少ないからⒷが熱海。Ⓑは熱海の駅前。時々行く。

　先生：正解は…。　──答えをかくしたⒶⒷの短冊を取る。　児童：やっぱりⒷが熱海だ。

熱海市は山がちで坂が多く静岡県内23市の中で最も狭い。平地が少ないため、街は山をはい登るように広がった。沼津市は熱海市の3倍も広く、平らな土地が多いから自転車も多い。

先生：**山・川・谷・平地等の土地のかたちを「地形」といいます。**

──自地域の地形の特色は近隣の対照的な市と比べてつかませる。駅前の駐輪場等、身近な事象を糸口としたい。

2　田んぼかみかん畑か──地形と作物の関係に気づく

　下の©Ⓓを貼ると子どもたちはどこ？あそこだ、と反応する。

先生：**©は熱海市でⒹは三島市です。違いは？**

©

Ⓓ

児童：©は山でⒹは平らな土地。©はみかん畑でⒹは田んぼ。

先生：©は山だから田んぼができない。**つまり、地形が違うとつくるものも…。**

児童：違う。　　先生：街の様子も？　　児童：違う。

──地形の違いによる土地利用の違いに気づかせたい。

3　色分けして比べよう

──地域の郷土読本等にある右のような図を拡大して配布。

先生：**色分けしよう。市の地形と街の広がりを比べて気づくことは？**

　①は0～100mと100～200mの部分をぬり分ける。②は家やたて物の多い所に着色させ、①と比べて気づくことを発表。

　街は高さ200mまでに収まり、それより上には相の原団地があるだけだ。一方、山には森林やみかん畑が広がることを確認して授業をまとめたい。

『熱海市中学生副読本「熱海」第15訂版』（熱海市教育委員会）

| 学習課題 No.13 | わたしたちの市④ |

市内一周　地図バスの旅

▶授業のねらい
①市内めぐりという視点から地図作業を行い、各所をつなぐ交通路への関心を高める。
②道路の役割を地理的条件と交えて考え、市のありさまを多面的・関係的に理解する。

▶授業の展開：見本を用意して作業方法を教示。切り返しの発問で学びを広げ深めたい。

▶準備：道路・鉄道を記した作業地図を熱海市郷土読本から右のように作製。投影の準備も行う。道等が分かりにくいので、教師は前もって完成見本をつくり、教卓上に置いて２に進む。

1　市内めぐりを地図バスで——交通を考える伏線として
　市内の様子が分かってきたところで、『今度は市内を"地図バス"で一周しない？』と呼びかける。(喜) ここでバスの写真を提示。
①実際にバスでの見学を行う場合——『その前に地図で熱海を一周だ』
②行わない場合——『色ぬりしながら地図旅行しよう』　——ここで作業地図を配布。

2　ややこしい道のぬり方は見本に照らして——教師は何に力を注ぐか
　出発点は自分たちの第二小学校。その東西南北を押さえてから指示通り着色させていく。分からない点があれば、教卓上の見本を見に来させる。
　——その間、**教師は机間巡視をしながら協力的な学びの姿・優れたつぶやきを見いだす**。
　　３班—ヒントの出し方が◎、５班—「なぜ国道は海のそば？」という疑問が◎等と、板書していく。残り約15〜20分で作業終了。

3　どうしてそこに道路があるの？——地域社会の地形と交通の関係に気づく
先生：気づいたことや知りたいことを発表しよう。
　——あえて発問の幅を広げ、発言者を増やす。口をはさまず、共感しながら全てを板書する。その後に、列挙した発言を線でつなげて関連づけ、補説と評価を行う。続いて、焦点を交通に絞る。投影した地図を指示棒でなぞり発問。
先生：国道は海のそばを南北に走る。いいですか？　　　児童：いいです。
先生：なぜ？　　児童：街があって人が多いから。平地で道がつくりやすいから。
先生：でも、山を通る東西の道もあるよ。どれ？　　——地図にある⑤⑩の道に気づく。
先生：なぜ、平地も街もなく人も少ないのに道をつくったの？
　——切り返しの発問。すぐに答えを求めず、近くの者と相談させて発表へ。
　⑤⑩の道は西側の市町と熱海を山越えで結ぶことが分かる。『この道がないと？』人もモノも来られない。『他によその町と熱海を結ぶものは？』鉄道の役割も分かる。市域・地形・施設に加え交通に着目する中で、地域社会のありさまが多面的・関係的に理解されていく。

市内一周　地図バスの旅　　名前（　　　　　）

第二小を出発して、③～⑬の場所やその近くまで行ってみよう。
下の①から⑭の問いに答えよう。

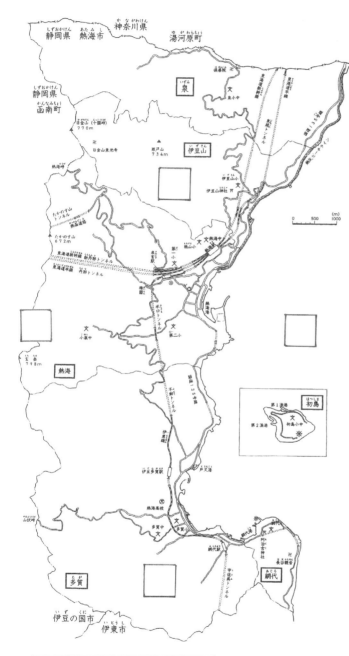

①出発する第二小を赤でかこむ。

②自分の学校から見た東西南北を４つの□に書く。

③網代港を赤でかこむ。

④多賀小を赤でかこむ。

⑤多賀小から山伏峠までの道を黄緑でぬる。

⑥玄岳（　　　m）を赤でかこむ。

⑦熱海港を赤でかこむ。

⑧来宮駅・熱海駅を赤でかこむ。

⑨熱海峠（　　　m）を赤でかこむ。

⑩市役所から熱海峠までの道を黄緑でぬる。

⑪伊豆山神社を赤でかこむ。

⑫保善院を赤でかこむ。

⑬東海道本線・伊東線を茶でぬる。

⑭国道135号線をピンクでぬる

★気づくことや知りたいことは？

No.5 合科的学習プラン
地域と子どもの実態に応じた学び

「大きな数」（算数）の学びとつなげる

1　市内見学のしおりに作業図を入れる──「数」を「量」に変えて視覚化
　魚市場等を見学する際、「魚が△△トンとれる」と言われても実感がわかない。そこで下の10トン車の絵を示し、△△トンとはこのトラック何台分かをまず想像させる。

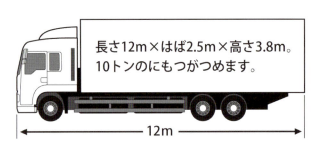

　次に、その魚の「数」を棒グラフに表して「量」に変える。色ぬりすれば、取れ高が視覚化されて違いは一目瞭然。なぜ多いか少ないかと疑問もわく。
　魚や野菜自体の知識が乏しい子も、実物と同じ絵に着色すればイメージ化しやすい。

　次ページのように事前学習で使えば、目・手・頭が働いて誰もが「量」を実感できる。

2　県や国の人口は？──他地域との「かかわり」を学ぶ前に合科的学習を
　算数「大きな数」の学習では、抽象的な数字ばかり扱うと意欲が減退する。そこで…。
①自校の児童数を当てさせた後、**自分たちの住む市区町村の人口を予想**させる。思いつきを言う子・児童数を根拠に考えようとする子、誰もがみな参画できる。
②次は、県（沖縄）全体の人口を考えてもらう。いくつか答えが出た後に「1401730人」と板書。ノートに写させ千の位までは赤□で囲む。万より上は青□で囲み、それらの下に「百四十万」・「千七百三十」と漢数字を書かせると視覚的な理解も進む。
③『今度はどこにする？』「北海道」沖縄の子にとってはあこがれの地だ。教室常掲の日本地図（百円均一等で購入）で沖縄と対比。人数は北海道の方が多いと全員が言う。その人口を予測した後に地図帳を見る。「5497406人」である。広さの割に人数が多くないので、あれ？と思う子もいる。東京等、**行きたい都府県・行ったことのある県の人口を数えた後は日本国全体の人口に挑戦**。ここではじめて「億」という数字に出会う。
④『最後に世界の国にチャレンジします』知っている国の名を次々に出し、まずはアメリカから始める。これまた常掲の世界地図で大きさを日本と比べて人口を予想し、数字を数えさせていく。中国の人口の多さにはみなびっくりした。

　小3では「国内の他地域等とのかかわり」を学ぶが、輸出入等により地域の産業が直接外国と関わる場合もある。まずは「大きな数」を入口に、日本の県や世界の国々への関心を広げて「かかわり」学習の前提としたい。（儀間奏子　沖縄県名護市）

楽しい作業地図 ― 目・手・頭を使い誰もが取り組めて認識を深化できる ―

＝生産量をあらわすグラフと、魚への知識を深めるぬり絵の組み合わせ＝

①網代の漁業（社会科見学しおりNo.1）　名前（　　　　　　　）

◆網代港では、どんな魚がたくさんとれるのでしょうか。10トン車何台分になるでしょうか。
『あたみ』49ページ「網代港でとれたおもな魚」を見ながら色ぬりしなさい。

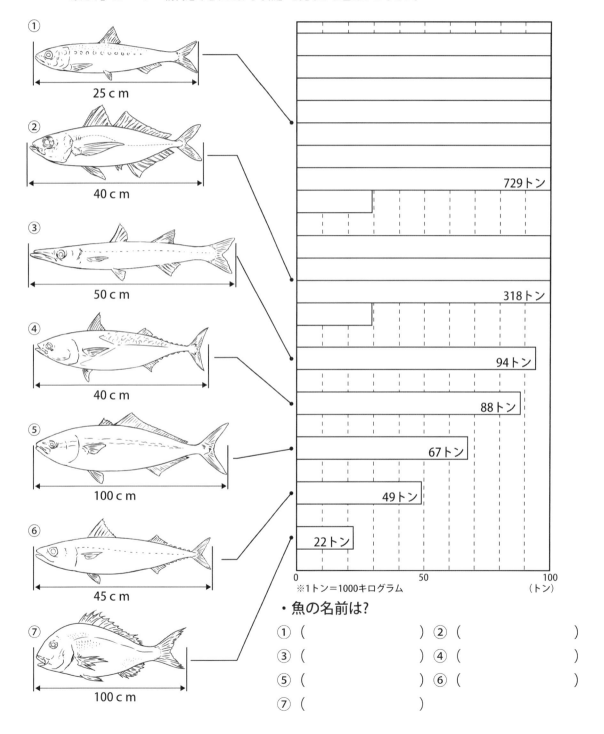

・魚の名前は?

① (　　　　　) ② (　　　　　)
③ (　　　　　) ④ (　　　　　)
⑤ (　　　　　) ⑥ (　　　　　)
⑦ (　　　　　)

> 学習課題 No.14　わたしたちの市⑤

モノから地区を調べよう

▶授業のねらい
①特産品がなぜその地区でとれるかを知り、各地区の地理的・社会的条件に目を向ける。
②郷土読本からさまざまな地区の特色をつかみ、さらに詳しく知るための方法を考える。

▶板書例——各市町村・各地域の実態に合わせて内容を変更したい。

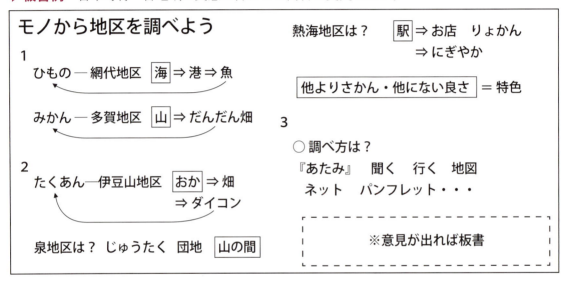

▶**授業の展開**：モノで引きつけ、地形や交通と結びつける。資料は易から難へ段階的に活用。
▶**準備**：①焼いた干物・みかん・たくあん等の実物を用意（熱海市）。干物は授業前に焼くかレンジで温める。隠して持ち込むと効果抜群。②市が発行したチラシ等も用意する。

1　これは何？　とれる地区は？──特産の食べ物から各地区の特色に目を向ける

　トレーに載せた干物は熱々。布で隠してあるがいい匂い、魚だ！と子どもたちは興味津々。ここで正体を明かす。どこで買ったの？包装紙を示す。網代だ。
先生：網代地区について知っていることは？　　児童：海がある。港も。干物屋が多い。
　　──海＝魚＝店がつながる。
　干物を元のかたちに直す。「魚になった」「そうか。干物は魚を開いたのか」それを日光で干すから「干す物」＝干物という。
先生：これは何？　　──みかんの実物を示す。
児童：みか〜ん。多賀地区でとれる。　　──多賀小の子どもたちの地元である。
先生：多賀は網代地区とどう違う？
児童：海もあるけど山が多い。山にみかん畑がある。網代より広い。
　　──常にモノと地形の関係を意識させる。次にたくあんの実物を示す。
先生：もうひとつ、もとはダイコン。　　児童：たくあんだ。どこでとれるの？　伊豆山？

先生：どこかに答えが載っていない？　　児童：『あたみ』（資料＝郷土読本）にある。
先生：えらい。他の人も探せる？　　児童：10ページにある！伊豆山地区だ！
　　――①言われる前に自ら本を開かせる。②文を読む以前に語句を探させる。このような展開をつくることで、読解力が今一歩の子も資料を活用できる。

2　探す➡線を引く➡読図する――郷土読本をどう使いこなすか
先生：次は、たくあん・干物・みかんについて書いてあるところを探そう。
　　――１つから３つに探す事象を増やす。「Ｐ20にみかん畑」「Ｐ25に干物を売る店」「Ｐ26に初島たくあん」「Ｐ46に多賀のみかんづくり」発見すると関心が高まる。指名して該当する文を読ませ、補説を加えたい。
先生：他にも地区が２つあるね。　　児童：泉地区。熱海地区。
先生：そこには何もないの？　　児童：ある。　　先生：どんなモノがあるの？
　　――食べ物以外も可。今度は目的意識をもって郷土読本からさまざまな事象を探す。調べ方をさらに高次にするのだ。見つけたら線を引かせて発表へ。
先生：Ｐ８の絵地図を見よう。泉地区の住宅や団地はどんなところにあるの？
児童：山と山の間。　　先生：では、熱海地区はどんなところ？
児童：にぎやかなところ。坂が急。駅があってお店や旅館も多い。
　　――順を追って資料を使いこなせるようにしていく。他より特に盛んなモノ・コト、そこだけにあるよさを「特色」とよぶことを押さえたい。

3　どうやって調べるの？――意欲を次の時間につなぐ
先生：もっと熱海市のことを調べよう。どうすればいい？
児童：『あたみ』で調べる。人に聞く。行ってみる。地図を見る。ネットで探す。
　　――さまざまな方法に気づかせる。
先生：ただでもらう方法もある。　　児童：え～？
　　ここで熱海市発行のチラシやパンフを見せる。　　児童：分かったあ。どこでくれるの？
先生：おや、３年生なのに自分で探せないの？
　　――教師は答えを示さない。くやしがって自力で調べる子が出てくる。
先生：次は調べたことを絵本にまとめます。役立つモノを見つけてこよう。
　　手作り絵本を例示して１日空けると、何人かが資料を持ちこむ。それらを紹介して僕もやりたい、私もやりたい、と思わせたい。

＜応用のために＞

熱海は人口４万の小さな市であるため、区ごとにその特色を学ぶ。もっと大きな自治体の場合はどんな地域を扱うか。各社の教科書を参考までに載せておく。地理・産業・社会的条件に応じて市内から３～４ヶ所の地域を選んでいる。

光村	横浜市	①海の近く・②大きな駅のまわり・③ニュータウン
日文	姫路市	①人がたくさん集まるところ・田や畑が多いところ・③工場が多いところ・④山にかこまれたところ
教出	横浜市	①大きな駅のまわり・②市役所のまわり・③海に面したところ・④住む人がふえているところ
東書	仙台市	①仙台駅のまわり・②泉パークタウンのまわり・③名取川にそった場所・④秋保温泉のまわり

その地域の特色につながるモノや写真・資料を探しておこう。冒頭に提示して子どもを引きつけたい。

学習課題 No.15　わたしたちの市⑥

見開き絵本にまとめよう　原則３時間扱い

▶授業のねらい
①ワク内や紙片に調べた内容をまとめることで、作業をどの子にも取り組みやすくする。
②紙片の配列や表現を工夫する中で、テーマに沿って内容を深化できるようにする。

▶授業の展開：配当時数と子どもの実態に応じて、無理のない方法を選択する。

▶準備：①Ａ３判画用紙の中央に、市の略図を小さく印刷しておく。②その周囲にさまざまなかたちで貼り付けられるよう、各色の色模造紙を短冊状に切っておく。③スティック糊を準備させると貼るときにべたつかない。④説明用に右ページ㋐のようなモデルをつくっておく。

1　配当時数と書かせ方は？
①お決まりコース
　例えば右ページ㋐のように、あらかじめ各地区ごとのワクを印刷。横線をうすく引くと字をそろえやすい。あえて線を引かず自分で工夫させてもよい。**書ききれない場合は色模造紙を適当なかたちに切り、右ページ㋑のようにたたんで該当地区のワクの続きに貼る。**大きな自治体の場合は、各地区・方面ごとに分担して作成させたい。

②工夫コース
　ワクは印刷しない。準備した資料に応じて詳しく書く地区・かんたんに書く地区を自分で選択。**色模造紙を好みの大きさに切って自由に書かせる。**個性的な作品ができるが時間もかかる。①と②それぞれのシートを用意し、各自に選択させる方法もある。
　㋒のように立札で立体化するようアドバイスすると、触発されてさらに個性的な工夫が生まれる。

③表紙・裏表紙の作成は？
　早く進んだ子には右ページ㋓のように表紙や裏表紙を㋐の裏面に書かせ、㋐の▼──▲の線にそって２つに内折りするとさらに絵本らしくなる。表紙には市に関するパンフ等から写真や資料を切り貼りさせてもよい。

2　テーマと内容はどのように？
①１つだけ型
　自分が準備した資料を生かし、名物・産物・知らせたいスポット等どれか１つに**テーマを絞る**。書けない地区があっても可。「ない」ことも特色の１つである。それがなぜそこにはないかを書けばすばらしい説明になる。

②何でも型
　種類にこだわらず、各地区ごとにピカ１やベスト３等を選んで書く。さまざまなモノを列

挙・対比する中で、書いた子の視点からその地区の特色が浮かび上がってくる。
　実態に応じ①②どちらかで行うかを、各自に選択させてもよい。

3　作業の順序を徹底──説明と支援はどのように？

①作業上の注意は？

　小黒板に注意事項を記して黒板に貼るか電子黒板等に投影する。指名読みさせた後に教師は３分程度で補足。説明に時間をかけすぎて作業時間を減らす愚を避け、**机間巡視での個別支援を重視する**。不明な点があれば友達に確かめるか次の時間までに聞いてこさせる。

②作業上の手順は？

　①記入ワクや紙片に書き入れ➡②貼り付け➡③余白にカットを入れたり切りぬきを貼付。このステップを守らせることで効率的に作業が進む。

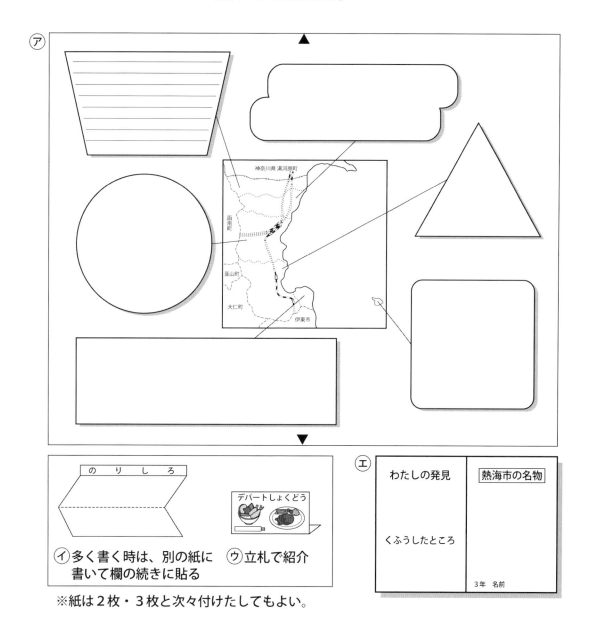

No.6 地域と子どもの実態に応じた学び
地図のある教室

「他地域等とのかかわり」を知るために

▶地図帳学習は小4から、地図学習はそれ以前から

地域の人々の生産・販売の「いとなみ」は国内の他の地域と関わっている。この単元ではそのつながりに気づかせたい。

だが、それには大前提がある。市外・県外のどこにどんな地域があるか、都道府県名等、最低限の知識を得る手だてが教室にあるということだ。

そこで「地図のある教室」をつくりたい。現在、**地図帳学習**は小4から始まるが、**地図学習**はそれ以前から日常の中で行う。沖縄の儀間奏子氏による実践の大要を紹介したい。

▶地図を日常の中に──教室に貼り一人ひとりに配る

日本地図・世界地図・自分の都道府県の地図を、例えばこうして教室前面に掲示する。これが「地図のある教室」だ。世界や日本の地図は百円均一でも入手できる。

これらの地図は、A3判の厚紙の両面に印刷して子どもにも配っておきたい。

▶地図をどう活用するか──ニュースでも給食でも国語でも

『今年もいろいろな球団が沖縄キャンプに来たね。その球団のある所を知っている？』と聞けば、運動好きな子どもたちが「千葉」「福岡」等と口々に答える。いくつか発表させた後、自分たちが発表した都道府県の位置を大きな日本地図を使ってみなで確認していく。自分が出したものならば興味津々でその県を探す。

どんなに社会科の時間に地図を使っても、興味のない児童にとってはただの地図。それを、自分の知りたいことが載っている「宝の地図」にさせるには、地図との出会いを大切にしたい。

　新聞のニュース、テレビには世界や日本の話題は日常的に氾濫している。それをキャッチして、朝の会や帰りの会等で地図を真ん中に子どもたちと話を始める。それも1回ではなく、話題が出るたびに何度も。

　給食で北海道産の「じゃがいも」の話題が出れば、日本地図で場所を確認。ディズニーランドに行った子がいれば地図で探させ、『東京ではなく千葉にあるのだよ』と話す。国語の時間に外国の作者が載っているのを見つけたら、みなでその国を確認する。日常のそうした取り組みの中で「他地域等とのかかわり」がしだいに意識されてくる。

　社会科の時間にだけ使うのではなく、地図がクラスの必需品になるほど活用するのだ。**教室の中に地図を貼ると、教師がいない時にも探す子が出てくる。そうなれば、地図が身近になり「他地域」への関心もさらに高まる。スーパーで産地表示を調べても実感がわく。**

　小4での地図帳学習の前に、地図に親しむ指導を小3でも日常化したい。

▶地図からモノへ—「他地域」を知りたいという欲求を加速する

　都道府県名や国名を探し慣れたら、次のステップとして物を持ち込む。地域の特産品や、代表的な商品。例えば「お茶」を持ってきて、これは「どこの県の物？」と尋ねる。

　「静岡県」と答える児童がいれば『正解！じゃあ、静岡県を探してね。よーいドン！』と言えば、必死で手元の地図から「静岡県」を探しだす。ここで得た知識は高学年での地理学習にも生きる。

　また、有名なスポーツ選手や芸能人の出身地をみんなで調べるのも面白い。子どもたちから、「先生、この人の出身地で問題を出したい！」という発言も出るようになる。「質問を考えてきてね！」と言えば、張り切って素敵な問題をつくってくれる。

　大切なのは、子どもたちが「今」知りたいことを問題にすること。そうすれば、地図と社会がつながり、「地域の人々の生産や販売に見られる他地域等とのかかわりを具体的に調べる」（指導要領解説）意欲も育つ。さらには、小4で「47都道府県の名称と位置」を調べる際にも大いに役立つ。

　地図を真ん中に、子どもたちの「他地域」を知りたいという欲求を加速しながら高めていきたい。

学習課題
No.16 店ではたらく人たち①
どこのお店で何を買う?

▶授業のねらい
①生活科を想起して地域の店名を発表し、よく買い物する店や買う物を調べて集計する。
②班学習の楽しさを知り、話し合う方法や小黒板の使い方を学んで次への意欲を育てる。

▶板書例

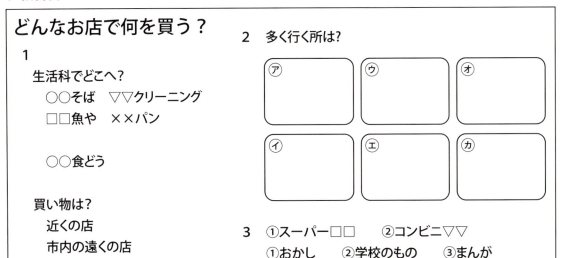

▶授業の展開：店名なら言えるぞ。「？」を出し合う班学習も楽しい。この2点で全員参加。

1　どんなお店に行ったかな？──生活科・まちたんけんを想起して

先生：生活科のまちたんけんではどこのお店に行ったの？
　　──つくった「しんぶん」等があれば事前に持参をよびかける。各種の店名を想起して発表へ。
先生：買い物に行ったことのあるお店は？
　　──黒板右手にまちの大地図を掲示し、店の所在地にシールを貼る。地区外の店はおよその位置に記し、主な店は名前を板書する。
先生：気づくことは？
児童：遠くの店にも自動車で行く。近くの店ではお菓子や本を買う。
先生：今日からは、そういうお店の仕事を勉強します。

　これまで子どもたちは、自らの**地域社会**のありさま（地形・施設・産物・交通等）を学習してきた。その上で本時からは、**地**

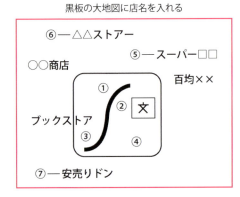

黒板の大地図に店名を入れる

域社会のいとなみを学ぶ。この単元ではその第一歩として、地域の「はたらく人」のさまざまな仕事を調べるのである。

　本単元は年間計画の中に次のように位置づく。まずは「多様な商品を地域の人に必要なだけ売る」という商業で働く人の仕事を調べ、工業や農業で働く人の学習につなげたい。

```
┌─────────────────────────┐      ┌─────────────────────────┐
│ 地域社会のありさま（地理入門）│ ──→ │地域社会のいとなみ（公民・歴史入門）│
└─────────────────────────┘      └─────────────────────────┘
```

1　まちのようす	2　市のようす	3　市ではたらく人	4　かわってきた生活
・社会と自然の違いは？	・地域社会の地理・施設・産物・交通は？	・市内でのつくる仕事・売る仕事・買うくふうは？	・昔の道具・生活・行事・今と比べると？

　あることが当たり前で、とくに意識もしていない人々の仕事（いとなみ）を自分たちと関係づけて見つめ、調べ、対話する子を育てていきたい。

2　どこで何を買うのかな？——班では「なぜ」の以前に「何」をめぐって話し合う

先生：クラスの人がいちばん買い物に行くお店は？　　——つぶやき。
先生：では、この土日に行った店と買った物の名を班でまとめよう。
　　——題を記した小黒板を配布して作業を開始させる。「土日の前でもいいですか」ずっと前でなければＯＫだ。『○○班はサッと席の向きを変えた』『もう◇◇班は１つ書けた』『△△班は字がていねい』等と小さな表れを大きく評価。褒めた上で不十分な点を注意すると浸透する。

```
┌────────────────────┐
│ お店（買った物）　○はん │
│                    │
│                    │
│                    │
└────────────────────┘
```

　こうして、「何」をめぐって話し合う班学習を「なぜ？」と考え合う班学習に先行させ、「やればできる」「班での話し合いは楽しい」と実感させる。費やす時間は約８分。**大地図はその間に黒板左手に移す。**

3　よく行くお店を確かめよう——提出された小黒板をどう配列するか

先生：ハイやめ。班長は小黒板を前に提出。
　　——次々出される小黒板をちらっと見て、書かれた内容が少なければ㋐から㋑㋒の順へ、多ければ㋔から㋚㋓へと貼り進める。子どもにも見やすくなり、まとめもしやすい。
先生：読みやすい班は？
　　——字の大きさ・ていねいさ・配列の巧みさ等を相互評価させる。評価されたお手本を実際に見ることで、次からは書き方がうまくなる。
先生：では、よく行くお店は？
　　——少ない班から店名を読み上げさせて集計。気づいたことを発表させたい。
先生：よく買う物は？　　——お菓子類が主だが文具・マンガもある。
先生：いつ行くの？　　——お母さんが買い物する時や塾や遊びの帰り等が多い。
先生：ならば君たちは、スーパーとコンビニのどちらで多く買うか。次に学ぼう。
　こう投げかけて授業を終わる。

No.7 地域と子どもの実態に応じた学び
買い物をくわしく調べよう

3枚のシートで子どもを動かす

▶個別に調査➡班で集計➡クラス全体でグラフ化へ

　Ⓐには各自が家の人におよその買い物傾向を聞いてまとめてくる。店名や品目を多く書けばその「量」を評価し、着眼点がよければその「質」を褒める。班ではⒷのシートに班員が調べたことを集計する。Ⓒは品目ごとにA3判で1枚ずつ用意し、班長は自班の集計数をシールで店ごとに貼る。その数を棒に代えれば立派なグラフが完成するだろう。
　1位が分かれば、なぜその店に行くか理由を調べる子が出て主体的な学習が動き出す。

Ⓐうちの買い物、どこの店でしてるのかな？

◆家の人にインタビュー1…どこの店で買い物しているか
　　よく行く店が1つでなかったら、1番行く店から順に書きましょう。
　①お米は
　②野菜やくだものは
　③肉は
　④魚は
　⑤牛乳は
　⑥ジュースは
　⑦パンは

◆家の人にインタビュー2…その店で買っているわけは？
　①お米は
　②野菜やくだものは
　③肉は
　④魚は
　⑤牛乳は
　⑥ジュースは
　⑦パンは

◆家の人の買い方で気がついたことは？

（増田敦子　静岡県静岡市）

Ⓑ班で買い物先の集計をしよう

☐ はん

店名						
①お米						
店名						
②野菜やくだもの						
店名						
③肉						
店名						
④魚						
店名						
⑤牛乳						
店名						
⑥ジュース						
店名						
⑦パン						

Ⓒ　　　品目 ☐

25					
20					
15					
10					
5					
店名					

結果

| 学習課題 No.17 | 店ではたらく人たち②　※実態に応じて選択・再構成 |

コンビニ・スーパー 君はどちら？

▶授業のねらい

スーパー・コンビニどちらに行くかを考え合い、店の工夫や働く人への関心を高める。
　A案　発言を活性化し、子ども自身の発想や発見から「店の工夫」に気づかせる。
　B案　資料を活用して教師主導で展開。
　　　　同じねらいで授業しても構成は次のように異なる。

▶A案：実物提示と具体的な発問で子どもを活性化。想定外の意見も教師の機転で方向づける

先生：君たちがよく買い物するお店はどこ？
児童：スーパー○○だよ。コンビニ◇◇だよ。△△商店だよ。
先生：次のような時はどちらに行くか。わけも発表しよう。

| ①夏なのでアイスが食べたくなった。（実物提示）さあ、どちらへ？ |

〈スーパー〉
・家の人と行くと買ってもらえるから
・少し安いから

〈コンビニ〉
・子どもでも入りやすいから
・いつの時間でもやっているから

| ②今度はのどがかわいた。ジュースを飲みたい。（実物提示）さあ、どちらへ？ |

〈スーパー〉
・うんと安いから
・たくさん買えてトクだから
・それを家でどんどん飲めるから

〈コンビニ〉
・店を出て外で飲みやすいから
・１本ならそんなにそんしないから。
・夜、じゅくの帰りでもやっているから

| ③お菓子を買いたい。（実物を提示）さあ、どちらへ？ |

〈スーパー〉
・たくさん種類があるから
・いろいろ買ってためておけるから

〈コンビニ〉
・新しいものがあってえらびやすいから
・店がすいていてすぐ買えるから

| ④スーパーとコンビニそれぞれのよさをまとめよう。 |

　〈スーパー〉安くてたくさん買えるし、家の人と行けば自分で買わなくてもいい。
　〈コンビニ〉朝も夜も店が開いていて気軽に入れる。レジで長く待たなくてもいい。
先生：スーパーもコンビニも、それぞれ特色があってお客を集める工夫をしているね。次からはまず、スーパーマーケットの工夫と働く人の様子を調べていこう。

▶B案：資料読解を中心に教師が構成。深化の際に落ちる子が出ないよう指名等を工夫する。

先生：先生は損をした。コンビニとスーパーで同じジュースが80円と147円。君はどちらで買う？
児童：スーパーの方が安いでしょ。だからスーパーで。ぼくもそうだ。
先生：でも、コンビニで買う人もいるよね。なぜ値段の高いコンビニにたくさんの人が行く

の？

児童：家に近いからかな。1日中やっているから。入りやすいから。

先生：次の①〜③をよく読んで、コンビニにたくさんのお客が行くひみつを探ろう。

①開いている時間	②よく売れる商品	③買い物する時間
㊱　朝9時半〜夜7時 ㋙　24時間	㊱　野さい 肉 魚 ㋙　弁当 おにぎり おかし	㊱　15分〜20分 ㋙　5〜10分

①を読んで――コンビニはいつでも買えるので行く。早く朝ごはん食べたい人には便利。

②を読んで――すぐ食べられるものが買えるから。新しい種類のおにぎりも次々売るから。

③を読んで――パッと来てすぐ買える。時間のない人にはいいと思う。

先生：君たちの考えは正しいか。コンビニに行くお客さんの話を読みポイントに線を引こう。

> 　ふだんは、あまりコンビニに行かないけど、朝早く出る時にはおにぎりやお茶を買います。スーパーはまだやっていないからです。ちゅう車場から店が近いのですぐ行けます。
> 　ねだんは高いけど、あまり待たないで買えるし、温めてくれるし、入れたてのコーヒーもおいしい。通販（つうはん）で買った物のお金をついでに払うこともありますね。

・いつでも開いているという考えはあっていた。

・確かにいろいろなサービスもあるね。

・ちゅう車場の近さには気がつかなかった。

先生：まとめます。よく聞いてノートに書こう。

　　――応答しながら復習し、例えば以下の内容を板書。

　　　　なぜねだんの高いコンビニに？

　　　　　・24時間ＯＫ　・食べたい物がすぐ買える　・サービスが多い

先生：では、なぜスーパーにもお客が行くの？　次はスーパーの工夫とはたらく人の様子を調べよう。

▶**参考**―A案・B案どちらを選択？―ある若手教師の考え

　導入はAを選択。Bでは、コンビニが高いと最初から教師が出しているから。展開では、まずAのように子どもの意見を聞く。次に、Bの資料を配って検証に生かす。そして、まとめはB。きちんと板書して地域学習に戻したい。比較の中から自分の授業が見えてくる。

　Aは子ども中心だが、多様な発言を方向づける力量がないとまとめきれない。Bは一部の子との授業になるかもしれない。さらに、Aは3つの発問の答えがみな（安い・24時間営業・品揃え）に絞られて学び広がらない不安がある。

　子どもの実態と、自分の力量に応じて、授業を組み立てる大切さを痛感した。

学習課題 No.18　店ではたらく人たち③

チラシの工夫を見つけよう

▶**授業のねらい**
　①商品の広告を見て分かることや疑問を出し、買ってもらう工夫をチラシの中に探す。
　②商品を数えてその多さに驚き、店の鳥瞰絵図から働く人を探して見学の意欲を高める。

▶**板書例**──チラシに載る商品に応じて内容を変える。

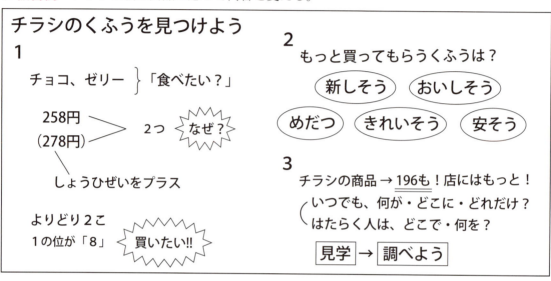

▶**授業の展開**：チラシを部分学習（一斉）➡工夫探し（ペア）➡品数え（個）に３度活用。
▶**準備**：見学依頼に行ったスーパーからチラシを人数分貰っておく。家から持参させても可。

1　チラシの一部分に着目して教材化──黙って提示し気づきを引き出す

　　──スーパーのチラシを黙って提示。
　　　あ〜、そのお店知ってると、子どもの目の色が変わる。
　先生：行ったことがある人は？
　　──挙手。続いて、チラシの一部を例えば右のように大きく投影。発言を待つ。
　児童：みんな食べたい。１つのモノに値段が２つある。消費税だ。
　　──消費税は、物を買うとかかり、子どもも払う。100円で８円払い、その分値段が高くなることを補説する。
　児童：よりどり２個だとトクする感じ。買いたくなる。１個の時は値段の１の位が８円。
　　──発表が少なくても深追いしない。ここまではあくまでも導入である。

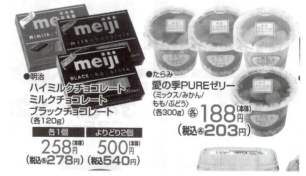

2　チラシには工夫がいっぱいだ──全員参画の学びをペアから個へ

先生：チラシ全体を見ると、お客に多く買ってもらう工夫が他にも隠れているよ。
児童：見つけた〜い。
先生：2人に1枚配ろう。どんな工夫があるか見つけよう。時間は5分。
　──Aさんが話せばBくんが聞くので全員参画。温かいフォローや対話の深まりが見られるペアを机間巡視の間に称揚する。時間が来たら全員挙手で発表へ。（苦手な子から指名）
児童：トマトに水玉がついて新しそう。肉の切り口がおいしそう。ザルや緑の葉っぱがカラーできれい。買いたくなる。全部食べ物だ。お1人さま6ふくろまでのお砂糖の値段は大きい字で目立つ。みんな買いたくなる。
先生：よく見つけた。君たちは社会科博士だ。　──要点を板書。
先生：売るための品物を商品と言う。では、このチラシにいくつ商品があるか数えられるか？マーカーでチェックしながら数えよう。
　──1人1枚になるようさらにチラシを渡し、個別作業に全員参画。

3　教科書の絵を見て、はたらく人を見つけよう──見学への意欲づけ

先生：載っている商品はいくつあった？　　児童：196。
先生：スーパーにはそれしか売ってないよね？　　児童：違う。もっとある。
先生：何がどこにどれくらいあるの？　　児童：覚えてない。コーナーごとに置いてある。
先生：働く人はどんな仕事をしているの？
　──「レジ」「魚を切る」…他にもいろいろ思い出してくる。
先生：本当はどうか知りたいね。スーパーの中を描いた絵がどこかにない？
児童：教科書にある！　　──各社とも大判の鳥瞰絵図を掲載。
　探した子を褒めると、他の子も進んで教科書を開くので、またそれを褒める。1分くらいは自由にその絵を観察させたい。
児童：はたらく人を見つけて全部○をつけよう。時間は4分間。はじめ！
　──全員が没頭。これが教科書の作業的活用である。休憩中の人をカウントするか、トラック配送員の人を数に入れるか、迷う子も出る。だが、答えは言わない。
先生：スーパーに行けば、調べたり聞いたりできるね。
　──行きたいとつぶやく子がいる。その声を拾う。○○さんのように見学に行きたい人は？と問うと、多くが行きたいと答える。
先生：質問が少ないとすぐ終わるから行きたくないなあ〜。
児童：たくさん考えて行く。
先生：態度が悪いとお店に迷惑だし。　　児童：きまりをつくる。
先生：まとめの新聞もつくってもらうよ。　　児童：いいよ。
　──ここで約束すると見学後に抵抗がない。
先生：では、次の時間は質問したいことをたくさん出し、ルールも決めてスーパーマーケット見学の計画を立てよう。
　見学への意欲を高めて授業を終わりたい。

> **コラム**

ノートづくりはどのように？──チラシから学ぶ授業を例に

　本書の板書例は教師側から記したものが多いが、子ども主体のノートづくりも紹介したい。実際の子どものノート（儀間奏子　沖縄県与那原町）を参照しながら解説する。

1　何を記し何を省略するか──①はスタンダードな流れで

　ノートづくりは板書の筆写から始まる。最初にめあてを　□で囲み、本時で何を学ぶかを際立たせる。

　続く①では『チラシにはどんな工夫があるか。気づくことを発表しよう』と、教師が発問したであろう。だが、その長文を6文字の小見出しに縮めて書字の負担を減らしている。

　ここで21の意見全てに発言者名を記したのはなぜか。

　ノートを開くたびにみなの発言を想起できるからだ。

　それらの意見は「安いことを伝えたくさんの人に来てもらいたい」と店側の視点でまとめられ、やはり□で囲まれた。

　ここまでは、めあて➡発言内容➡まとめという流れが視覚的にも分かりやすい。

2　②のまとめは不要

　②に入ると、視点を変えて、家の人がチラシを見る理由が5つ記された。だが、①と違ってそのまとめは省略して記述しない。たとえ教師が口頭でまとめても、筆記時間と紙面節約のため板書しない。学習内容が少ないためそれでも十分理解できる。ここまでのノートづくりは、こうして精粗を区別した板書の筆写を中心としたい。

3　各自の意見や感想を記す―まとめとふりかえりの習慣化と評価

　こうして①チラシの工夫（売る側）➡②チラシを見る理由（買う側）へとノートづくりを進めたら、最後はまとめとふりかえりを行う。ここは子ども個々の記述を柱にする。

　この子は家の人（買う側）とお店の人（売る側）双方の視点からまとめを書いた。当然教師はそれに関わる指示を出したと思うが、その内容は省略して板書もノートもしない。

　ふりかえりからは、①「工夫を見つけた」（学習の主体性）・②「いろんな工夫」の気づき合い（学習の集団性）・③「もっとしりたい」という思い（意欲の向上）の３点がうかがえる。教師はそれらを称揚して次の指導に生かしたい。

4　ノート力は徐々に向上

　だが、これだけのノート力を最初から備えている３年生は少ない。

　その場合は、板書した21の意見は書いても書かなくても　可としたい。または３つ書くだけでもよしとする。

　『代わりに、まとめとふりかえりは５行以上書こうね』

　達成したらそれを褒める。力が育ってきたら、しだいにハードルを高くしていく。

　ノート指導では最初から多くを求めない。苦痛を与えないようにしながらできることを増やし、徐々に力を伸ばしていきたい。

5　以前のノートと比べさせる

　少し書く力が育ってきたと思った子に対しては、休み時間や放課後等の隙間時間を利用して、こう指導する。

　『４月の最初に書いたノートを開いて今のノートと比べよう。どこがよくなっているかな？』（教師があらかじめ双方のノートをコピーしておいてもよい）

　「字が読みやすくなった」「まちがいが４つから３つに減った」「漢字が11から14に増えた」「たくさん書けるようになった」「自分の考えが２行から３行になった」等、向上した点を事実に即して確かめ合いたい。そこから自信と意欲が育つ。

　保護者との懇談では、そのノートを示して子どもの進歩を評価すると親の目が輝く。

学習課題
No.19　店ではたらく人たち④

見学に行く前に

▶授業のねらい
　①店への質問や調べたいことを個➡班➡全体へと集約し、３つの視点に即して分類する。
　②見学を成功させるにはどんなルールが必要か自分たち自身で考え、進んで調査を始める。

▶板書例①──展開１に対応して短冊を貼付

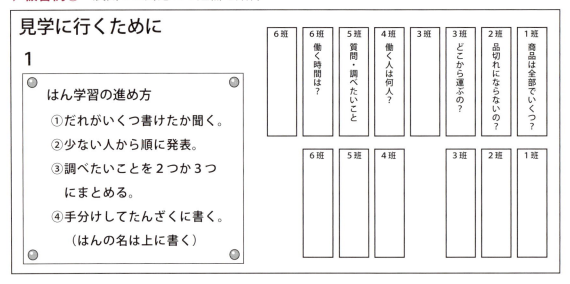

▶授業の展開：１では班長がフル活動。２での短冊移動は「あっちだこっちだ」と賑やかに。

1　班学習の新しいやり方に挑戦──個々の考えを班でまとめる
　先生：スーパーを見学する時に聞きたいことや調べたいことがある人は？
　　──挙手した子を褒め、他の子を刺激する。
　先生：質問や調べたいことをノートに書こう。時間は３分。
　　──合図したら全員鉛筆を置くことを確認。集中して取り組む子を見つけてまた褒める。
　先生：ハイ、やめ。　　──間をおく。シーンとしたところで指示をする。
　先生：今日は今までより難しい班学習に挑戦します。黒板に貼った「進め方」を読み、マーカーと短冊を取りに来て、席を班のかたちにして始めよう。分からないところがある班長は質問。
　　──「進め方」は電子黒板に投影してもよい。教師の側から説明せず、質問にはピンポイントで対応。指導が徹底する。用具類は、個人学習中に教卓上にそろえておきたい。
　７～８分後に提出させ黒板右手に貼っていく。商品は全部でいくつ？・品切れにならないの？・どこから運ぶの？・働く人は何人？・働く時間は？等多くの質問が出るだろう。班で書く短冊の数は学級の人数に応じて増減。ここではクラス30人で５人班６つと仮定した。

▶**板書例②**──展開2・3に対応して短冊を移動

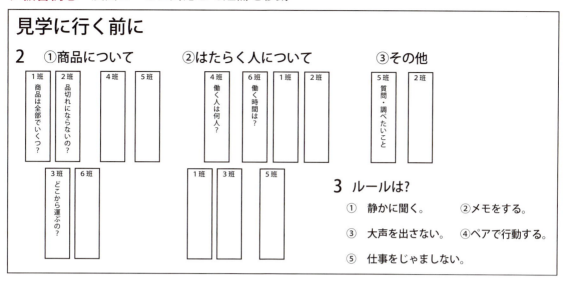

2 知りたいことをまとめよう──「せいぞろい」した短冊を「なかま分け」

　　分類の視点は、①商品について ②働く人について ③その他の3つ。まずは「班学習の進め方」を外して黒板左手に「①商品について」と板書する。
先生：あてはまる短冊を①の下に動かそう。　　児童：その左上の1班のもの。
先生：これ？　　児童：そうです。　　先生：いいですか。　　児童：いいです。
　このように、子どもが自由につぶやき、それを教師が全体で確認しながら短冊を移動させていく。作業が進むと、にぎやかになってくる。同じ内容の短冊は近づけて並べる。「②はたらく人について」も同様に作業を進め、余った短冊は「③その他」に残したい。
　個の気づき（**断片**）を班➡全体で集約して「せいぞろい」（**羅列**）させ、さらに「なかま分け」（**分類**）。社会科で身につけたい学習法の1つである。

3 ルールを考えるのは自分たち──共同性を育て自主的な調べ学習につなぐ

先生：他のことを調べてはいけないの？　　児童：いい。
──その場での思いつきもどんどん尋ねてよいことを確認する。
先生：どんなふうに調べるかどこかに書いてないかな？　　児童：教科書にある。
──各社とも分かりやすく載せてある。ポイントに線を引かせ、活動内容をイメージ化させる。
先生：調べていて働く人やお客さんの迷惑になったら？
児童：困る。だからルールをつくる。
先生：どんなルールが必要か近くの人と相談しよう。
──楽しく真剣に調べ学習するためには何が必要か。子ども自身に考えさせ、当日の見学につなげたい。さらに、見学日の前にスーパーに行ったら、気づきをメモして提出するよう最後に呼びかける。気づきのメモを見ながら帰りの会等で発表させる。また、メモにコメントをつけ、コピーして貼り出すと次へのよい動機づけになる。

学習課題 No.20　店ではたらく人たち⑤

見学をまとめと評価につなぐ

▶授業のねらい
①「しんぶん」制作への心構えを育てて見学に臨み、お店の人やモノと積極的に関わる。
②本人も気づかない「宝」をどの子の作品にも見出して褒め、指導と相互評価につなぐ。

▶授業の展開：事後に何をするかを事前に明示。言葉でおだてず事実を具体的に評価する。

1　どこにどれだけ書くの？──見学前に用紙を示す

　　──見学の諸注意の後に「しんぶん」の用紙を提示。
先生：調べたことはこれにまとめよう。書く場所はいくつ？
児童：4つ。
先生：題や名前を入れると6つ。名前は自分の名前を書く。（笑）絵を入れてもOK。題はユニークに。4つも調べられるかな？
児童：う〜ん。分からない。
先生：だからいろいろメモしよう。でも、1つか2つを詳しく書いてもいいよ。

2　見学中はどう支援？

　説明はきちんと聞かせる。その後は「たんけんタイム」。邪魔をしたりしないよう、事前の約束に従って質問したりモノを調べる。
　広く調べてもよい。段ボール箱や生鮮品の産地表示に関心を示したら、それをメモさせる。共通課題として、1人1〜3品目の産地調べを行わせたい。（後に活用）

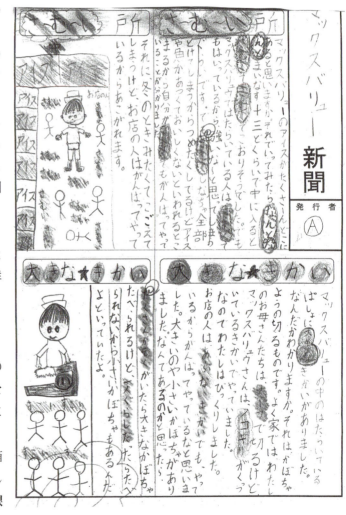

3 評価と指導はどのように？——2つの作品を例として

Aさんは「さ～む～い所」と「大きなきかい」について詳しく書いた。（左ページ参照）次のように、2点を評価し1点を指導してもよい。

① キーワードに色をぬって強調している。大事なことは何か、ちゃんと考えながら書いた証拠だ。それがすばらしい。

② 働く人の絵がお客より大きい。それは、お店の人の仕事のすごさを表したからだ。

寒い中でも頑張るお店の人に「あこがれ」、危ない機械で頑張る姿に「すごい！すごい！」と絵のエールを贈るAさんもすごい。

③ それなら題もお店の人のすごさが分かるものにしてはどうか。「はたらく人・すごいぞしんぶん」等。

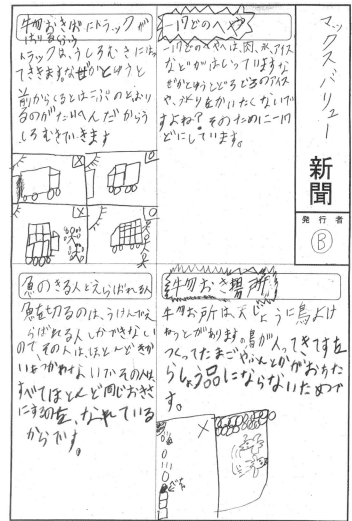

Bさんの場合は、次のように3点を評価し2点を指導したい。

① 内容が4つも書けてすごい。真剣にいろいろ調べたからだ。

② どの小見出しにも押さえたいポイントがずばり。「物おきばにトラックがはいるくふう」等はよく見なければ気づかない。書いたのはあなただけ!!

③ 「絵で動きを表す」のはすごい。人やトラックはもちろん鳥の動きまで描いてある。どんな時が○か×か？を絵で表し、それを文で説明しているスタイルがユニーク。

④ 題は②等のユニークな「くふう」と③でほめた「イラスト」をつなげてつくってはどうか。（「お店のくふう・イラストしんぶん」等）

⑤ 文で直したいところは？「ひらがなが多い」誤字も指摘。『直せば100点』と励ます。

日ごろ目立たない子や、社会科の時間だけ張り切る社会性に乏しい子の作品等を選び、全体の場で評価すると友達の見る目が変わる。「しんぶん」は1冊に綴じて朝読書の時間等に**回覧。添付した名簿に、誰の作品がなぜよいか「一行相互評価」を記入させたい。**

学習課題 No.21　店ではたらく人たち⑥

発表と評価を1時間でどのように？

▶授業のねらい―発表会
実態に応じた方法でまとめた内容を発表させ、表現力を育てて学び合いと評価につなぐ。

▶実践例：しんぶんの題と小見出しを読む➡内容を1つ紹介➡感想発表―多様な方法で進行。

1　班内発表会➡班代表が全体の場で発表へ
多人数の場合どう全員に発表の機会を保証するか。5人×6班＝30人の学級を想定する。

①全員が班内で発表	②班の代表1名が全体の場で発表
あらかじめ前時の最後に席を班ごとにさせておく。1人の発表時間は3分。進行順を確認したら班長から時計まわりで発表へ。『始め！』『やめ。次の人始め！』教師の号令とベルで一斉に動かす。 5人班なので5×3＝15分かかる。班の代表1名を選出したら席を戻す。合計で20分間を予定したい。	全体の場で1班代表から順に発表。次の発表者はその横で待機させる。時間は3分。ベルで時間を知らせる。 発表後は着席。同時に待機場所にいる次の者が発表場所へ行き、その次の者が席から待機場所へ移動する。6×3＝18分。予備を入れ22分間を予定する。教師による評価は残る3分で行う。

2　ペアで練習➡班対班で相互発表へ
発表だけで終わらせず、どう学び合いを入れるか。4人×4班＝16人の学級を想定する。

①班内でペアをつくり相互に支援	②1班⇔3班・2班⇔4班で相互発表
進行順を確認したら、班内で2人組をつくり発表練習と相互支援を行う。時間は10分。半々で使ってもいいし、フォローしたい人に重点をかけてもよい。 教師は活動を見守り、必要があれば指導を要する子の支援に入る。時間が来たら班対班の組み合わせを発表し、教室の前後に移動させたい。	発表班の者以外は座る。最初は1班が3班へ、2班が4班へ、終わったら逆のかたちで発表して相互に聞き合う。 時間は各自3分間×8人＝24分とする。教師は3分ごとに号令とベルで合図。全員が終了したら席に戻る。移動もふくめてかかる時間は30分程度。教師は残る5分で評価をしたい。

クラスや子どもの実態に応じて、他にもさまざまな方法を工夫したい。

▶評価の留意点

1　次の①〜③の視点を持ち、どの子の発表の中にも必ず「宝」を見つける

①発想や着眼点を評価

> ●町の人のみかた・スーパーしんぶん〈Kくん〉
> ●スーパーのくふう丸見えしんぶん〈Wくん〉

先生：2人の題のつけ方は？
児童：楽しい。読みたくなる。
先生：中身も想像できるね。
　――ネーミングの発想や着眼点を評価。

> お母さんはナイフで切るけどお店の人はのこぎりでやっていました。なので私はびっくりしました。〈Mさん〉

　左のMさんには比較という着眼点があるから「びっくり」できる。『比べて考えたMさんはすごい』と評価したい。

②表現の方法・書き方を評価

> 気をつけていることはえがおと休けいです。お客さんの前ではえがおです。休けいスペースもあって買い物中でものみものをのめます。みなさん、ここでゆっくりしてください。〈Sさん〉

　表現の工夫を2つ評価。
　第1は「気をつけていることはAとB」と最初にまとめを言ってからその内容を説明する点。第2のよさは「みなさん、…していって」と聞く人によびかける方法だ。

③発表内容を評価

> どこの通路もとても広くて、カートをひいてもベビーカーをひいても車いすをひいても広いです。ほかのお客様にもめいわくがかからないのでべんりです。〈Aさん〉

　カート（歩く人）・ベビーカー（乳児）・車いす（障碍者）の3点から通路の広さを説明。だから説得力があり、聞く人もなるほどと思う。「ほかのお客様」との関係まで考えていることも評価する。

先生：みんなは③のように発表できる？
児童：無理。
　――Aさんはそれができると評価したい。
　教師が①〜③の視点をもてば、発表の中に本人も気づかない多くの「宝」を発見できる。

2　評価の際に「即席画用紙コメント」を提示する

　全体の場等で発表を聞く際、私は机上に画用紙を広げる。発表を聞きながら例えばそこにマーカーで右のように走り書きして、評価の際に提示する。
　①全員の視線が1点に集中。②紙上のコメントを示しながら説明すると耳と目で内容を理解。③記録として残り評定に活用できる。この「即席画用紙コメント」には以上3つのよさがある。作成をお勧めしたい。

> Mさん―お店⇔家
> 　道具を 比べる ➡びっくり！
>
> Aさん―3つから…
> ①歩く客 ②ベビー ③しょうがい者
> 　みなOK ➡広いつうろ

学習課題 No.22　店ではたらく人たち⑦

他の地方とのかかわりは？

▶**授業のねらい**
　①書かれた指示を読みとり、各自が調べたことを班で協力して２種類の地図に記入する。
　②店が各産地とどう関わっているかを学び合い、生産から販売までの流れを図に表す。

▶**板書例**──班が６つの場合は以下のように小黒板を貼る。発言の要点は空いた箇所に板書。

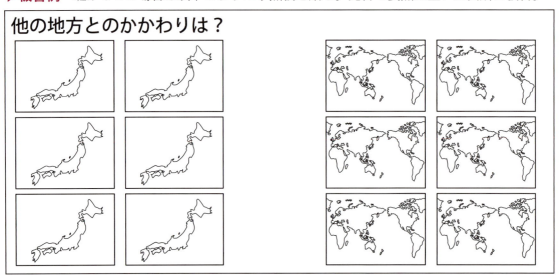

▶**授業の展開**：班作業（協力）➡個人思考（集中）➡全体学習（学び合い）への転換がカギ。
▶**準備**：①『小学生の地図帳』の見返しにある日本地図（読みがなつき）や世界地図をコピーし、余分な部分を省いてＡ３判画用紙に貼布。各班に１枚用意する。
　　　　　②2,5ｃｍ×7,5ｃｍの付せんを、記入に必要な枚数をそろえておく。
　　　　　③説明用の掲示物もつくりたい。（本時は学習課題No.20の学びを受けて行う）

1　自分の産地をむすぶ──班への指示は文章で

先生：今日は調べたモノの産地を地図に調べよう。
児童：ハ〜イ。
先生：この説明を読み終ったら席を班ごとにして作業します。　──右の文を提示。
　　　読んで分かった班は日本地図と付せんを貰おう。読んでも意味が分からない班は？
児童：他の班か先生に聞く。
先生：その通りだ。始め！

1　調べたモノの名と産地をサインペンで付せんに書く。➡　にんじん　千葉
2　①地図でその産地がある県の上に１でつくった付せんをはる。②自分の県と線でむすぶ。
3　①その産地のある県を知らない時は先生に聞く。②日本が終われば世界へ。

　こうすると、読んで理解する力が育つ。読解では誰がどんなところでつまずくかも分かってくる。時間は15分程度としたい。

2　日本から世界へ広がる気づき──班作業を個人思考にチェンジ

先生：終わった班は提出。代わりに世界地図を渡します。
　　──次の目標が分かって作業が速くなる。世界地図にも同様に付せんを貼り、自分の県付近まで線を引く。子どもたちは地元のスーパーマーケットと日本や世界各地とのつながりを視覚的につかむ。

児童：できました！

先生：気づいたことをノートに書こう。
　　──協働の後は個人に思考を委ねる。ノートに書く子が増えていくと、次第に教室が落ち着いてくる。

先生：全員が書けたら提出しよう。…でも、書けていない人を急がせてはいけません。さあ、どうするか。先生は見ています。
　　──ていねいに相談を始めたところがあればすかさず評価したい。ここでは、「何で早く書かないの？あんたのせいで提出できないんだよ」と言わせてはならない。私であれば以上のように対応する。みなさんも自分に合った方法を考えてほしい。

提出された地図は、付せんの少ない班から順に左ページの板書例のように貼付する。

3　かかわりから分かることを学び合う──まとめは図化して理解

　　──残り時間が15分ほどになったら発表に移る。

先生：気づきを書けた人は？　　──サッと手が挙がる。

先生：2つ書けた人は指2本。3つ書けた人は指3本でサイン。10以上の人は足を使う。
　　──挙手を称賛してから発表へ。熱海市の学校であれば、次のような意見が出る。

児童：ジャガイモは北海道から来ていてびっくり。かぼちゃはもっと遠くのニュージーランドから。でも、意外と近くのモノもあった。魚は地元が多いよ。
　　──板書した内容はノートさせていく。

先生：では、お店は産地と私たちをどうつなげているかまとめよう。
　　──世界地図をいくつか外す。空いたスペースに右のように書き、当てはまる語句を子どもと応答しながら板書する。時間を短縮する場合は、右の図のワクを画用紙に書くか電子黒板に投影して説明。

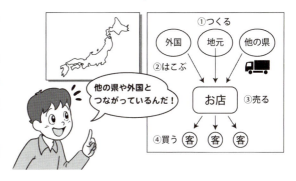

こうした図化により、お店を介した「他地域等とのかかわり」が明らかになる。

その学習は、やがて中3公民において生産➡流通➡販売➡消費の関係を学ぶことにつながる。

先生：では、お店が売る商品を家の人は全部買うの？　　児童：買わない。

先生：そうか。スーパーが売る工夫をするなら家の人は？　　児童：買う工夫をする。

先生：①スーパーで食品を買う時は何に気をつけるか。②スーパー以外の店では何を買うか。家で聞いてこよう。

No.23 店ではたらく人たち⑧
買い物の工夫

▶授業のねらい
①Ⓐ Ⓑどちらの商品を買うか話し合い、表示から各種の情報を読みとって選択に生かす。
②買う工夫には何があるか発言を元にまとめ、小商店での販売の工夫に目を向ける。

▶板書例

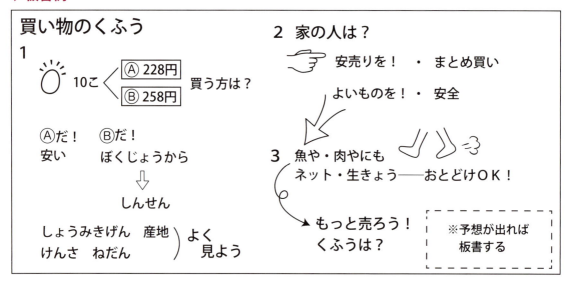

▶授業の展開：実物で引き入れ「対立」や想起で盛り上げる。そこから小商店への関心を。

1　君はどちらのたまごを買うか——説明ラベルを比べよう
　　——卵のパックの実物を提示する。すぐに児童から反応がある。
　先生：9月5日に買いました。いくらかな？　——ⒶⒷ２枚のカードを黒板に貼る。
　先生：これが値段だよ。君ならどちらを買う？　児童：もちろんⒶ。
　先生：なぜ？　児童：安いから。　先生：そうか。賛成の人は手を挙げよう。
　　——多数が挙手する。迷う子・首をかしげる子がいたら理由を聞く。

児童：Ⓑの方が上等かもしれない。
児童：ほかにも何かわけがあると思う。
　　——全員がⒶを選んだら、教師がⒷの
　　　意見を述べて子どもをゆさぶる。
先生：では、ⒶとⒷに貼ってあるラベル
　　　を比べよう。
　——次ページの資料を黒板に貼付または電子黒板に投影する。
　賞味期限・産地の住所等は適宜改変。応答は次のように進めたい。

```
┌─────────────────────────────┐  ┌─────────────────────────────────┐
│ Ⓐ幸せいっぱいたまご          │  │ Ⓑ富士の牧場たまご       直送   │
│  賞味期限　18.09.15         │  │  賞味期限　18.09.28            │
│  産地　千葉県千葉市緑区○○  │  │  静岡県富士宮市○○            │
│  Ｔｅｌ　111-2-3344         │  │  Ｔｅｌ　123-4-5678            │
│  1個当たり：ＭＳ52ｇ以上〜   │  │  1個当たり：ＭＳ52ｇ以上〜     │
│　　　　　　　ＬＬ76ｇ未満   │  │　　　　　　　ＬＬ76ｇ未満     │
│  卵重計量責任者　秋山　三郎 │  │  卵重計量責任者　川口　洋一   │
└─────────────────────────────┘  └─────────────────────────────────┘
```

児童：Ⓑは牧場で育て、直送と書いてある。牧場からそのまま送るから新鮮だと思う。
先生：では、ⒶⒷどちらにも書いてあることは？（読めない漢字はみんなで考える）
児童：賞味期限。産地。電話番号。卵重計量責任者ってなあに？
先生：卵の重さを測った人の名前です。
児童：安いけどⒶもちゃんと検査したから大丈夫。でも、Ⓑの方が賞味期限が長いよ。
　　──ⒶⒷどちらを選ぶか再度考えて挙手させたい。

　他にも、うなぎの価格が国内産1980円に対し海外産は1080円等も題材にしやすい。

2　買い物の工夫に目をひらく──消費者教育の起点として

先生：家の人はスーパーで買う時、ほかにどんな工夫をするか。聞いてきた子は？
児童：はーい。
先生：偉い。しっかり覚えておきます。勉強が忙しくて聞けなかったけど今度頑張る子は？
児童：はーい。（ニヤニヤしながら）
　発表させると例えば次のような意見が出る。
児童：安売りの日に買う。広告で安いものを探す。安い時にまとめ買い。夕方、値段が下がったらすぐ買う。少し高くても安全な日本産を選ぶ。新鮮なものを選ぶ。
　時には、「1人1つかぎり」の安売りに動員された体験談も発表される。発言を生かし、値段・産地・新鮮さ・安全安心等、さまざまな買う工夫をまとめたい。

3　他にはどこで買い物を？──小さなお店にも目を向ける

先生：家の人はスーパー以外ではどこでどんな食品を買うの？わけもあったら言ってね。
児童：魚屋さん。新鮮でおいしいから。帰り道で近いから。○○肉屋さん。コロッケがおいしい。おまけしてくれる。
先生：お店に行かないで買う時はない？
　ネット通販や生協の利用もある。出かけないで済む便利さや食の安全・安心へのこだわりに気づかせたい。
先生：いろいろ買うところがあるね。その中で小さい魚屋さんや肉屋さんがたくさん買ってもらうのは大変だ。どんな工夫や苦労があると思う？
　──予想は少数でもよい。
先生：本当はどうかな？お店の人や家の人に聞いてくる人がいれば社会科博士！
　翌日、例え1人でも調べノートを提出する子がいれば高く評価して発表させたい。

No.24 店ではたらく人たち⑨
頑張る魚店・商店会

▶授業のねらい
①地元の鮮魚店が、その特色を生かしてどんな売る工夫をしているか資料から探る。
②多くの店が協力して商店会をつくる理由を知り、努力して働く人への質問を考える。

▶板書例

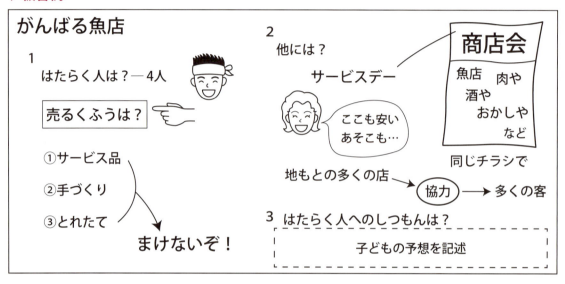

▶授業の展開：身近な魚店の工夫探しで盛り上げ、チラシから商店会の努力に迫りたい。

1 **頑張る魚屋さんのサービスは？**――商店会のチラシを活用（日ごろから集めておく）

地元商店会のチラシから魚店の広告を抜きだす。
――本文の上段と下段以外は隠して大きく提示したい。静岡県伊東市の場合を例示。行ったことのある子に店や仕事の様子を発表させる。撮影OKなら写真も提示。

先生：働く人の数は？　――気軽に予想。
　　夫婦と息子夫婦の4人である。　児童：エーッ!!
先生：でも、大きな店に負けない。魚6本で50円のサービス品を売る。その魚は？
――わいわいがやがやの後、広告全てを見せると魚体が小さい鰯の目刺しと分かる。そのみりん干しは4枚60円だ。
先生：さごし（さわら）や金目はもっと高い。でも工夫があるよ。
　広告から、自家製＝手づくりだと気づく。

ここでお客の声を紹介したい。

> 伊東に帰るといつもこのお店に刺身の盛り合わせを注文します。4人分3000円で、鯵やイカ・サザエ・金目など、とれたてがいっぱい。おいしさが違います。

お客はなぜこの店に来るか。

手づくり・新鮮さ・安さ等小さな店の売る工夫に気づかせたい。

2 さらにお客を増やすには？──小さな店の大きな協力

先生：小さな店は他にはどんな工夫を？ ──上のチラシを裏返して各自に配布。

先生：開けていいよ。 児童：わあ〜。

──①から⑥まで、違う店の広告が大集合。スーパーのチラシを示して対比させたい。

先生：行きたい店は？

──いろいろ出る。なぜ協力してサービスデーをするかも問う。

児童：他の店にも寄るからお客が増える。

先生：こうした商店の集まりを何というか。 児童：商店会。

商店会がつくる地元商店街は一体となって「総合スーパー」をつくっているのだ。では、店の人の苦労とは？

3 商店で働く人とふれ合おう──実態に応じて学習を展開

先生：①魚店で働く人への質問を書こう。

──何人かに読ませたら授業後に提出。次は、実態に応じて①〜③のいずれかに学習を進めたい。①ゲストティーチャーとしてよぶ（仕事着で道具持参）②授業時間にいくつかの店を訪問 ③関心のある子が自主的に聞き取り

No.8 ポスターをつくって見学先に贈る
文章が苦手でも大丈夫

▶ **製造過程が見学できない場合には？**―販売しなくては工場はつぶれることに気づく

　季節がずれると機械を休ませる工場がある。衛生管理上、食品の製造過程は見学不可の所も増えた。例えば静岡市のO製茶工場では次の通り。その時は販売に目を向けさせよう。

工場見学の可否

①大袋に詰めた茶葉（原料）を保管する冷凍倉庫➡見学可
②製造の過程➡見学不可
③製品を袋や箱に詰めてチェックする作業➡見学可
④お茶の分類とさまざまなお茶製品の展示➡見学可

　この工場では、④を見学してもらうことを重視する。展示室に入るとお茶バウムクーヘン等のお菓子や7種類の茶製品がずらり。子どもの目が輝く。

　製造過程が見学不可であれば、この展示物から学習をつくる。見学後、『なぜこんなに多くお茶製品をつくるのか』と発問したい。

　「つくったお茶をたくさん売りたいから」「種類がいろいろあれば買う人もふえる」

　『もし、つくっても売れなければ？』「工場がつぶれる」「はたらけない人が貧乏になる」

　ここで子どもに聞くと日常お茶を飲む家はやはり減っている。外国産の安い茶葉が入るボトルのお茶がせいぜいだ。身近な工場がなくなると何が困るか考えさせ、売るためにもっとお茶のよさを宣伝してはどうかとの意見を引き出す。『では、**お茶が多く売れるようその魅力をポスターに描いて工場に贈ろう**。貼ってもらえるかもしれないよ』「やったー」こうして製品の特色と販売のくふうに着目したお茶ポスターづくりの実践が始まる。

▶**なぜ新聞ではなくポスターか**──販売の努力と工夫をイラスト先行で表現

Ⓐの男児は「冬にはやっぱりお茶を飲もう！」と訴えるポスターをつくった。下部に記したイラストでは、寒い季節にはこたつで温かい「お茶」➡「ほっ」という安らぎ効果をアピール。ここには彼自身の日ごろの体験が生かされている。

また、お茶っぱくん（原料）とほうじいちゃん（製品）の応答をふまえて、お茶の４つの効用をあら茶マン（製品）に説明させる。ここでは製品の説明から得た知識が活用された。

販売に努力する工場側に共感して体験と知識を融合させ、イラストを主に自らの思いを表す。それが新聞と一味違うポスターづくりのよさである。

Ⓑの女児はお茶を使うお菓子等に強い興味を示し、リアルなイラストを解説付きでずらりと並べた。圧巻である。

よくモノを視てその細部まで記憶している。だが、文字を主体とした新聞ではモノのありさまはリアルに再現しにくい。

まして彼女は文章が苦手なイメージ・映像先行タイプ。だが、その子もポスターという表現方法を使えば十分その力を発揮することをⒷは示す。

製造過程を見学でき、働く人の「努力や工夫」を観察・理解・表現できればそれに越したことはない。

しかし、それが不可能ならば多様な２次製品を販売する努力や工夫を学ばせる。その際、工場側の努力の結晶である数々の製品の特色や魅力をどう表現して伝えるか。時には、新聞という文字主体の表現法にこだわらず、イラスト主体の表現を得意とする子を生かして売る側の人への共感を育てたい。その作品を贈れば、工場側もまた子どもたちの学びへの共感を示す。（豊泉暢子　静岡県静岡市）

No.9 地域と子どもの実態に応じた学び
まちで行う工場見学①

市街地ではどのように？

静岡市の西豊田小の学区には従業員250名・創業80年の理研軽金属工業株式会社の工場がある。場所はまちのど真ん中。

なじみの薄い金属加工という仕事に価値を感じさせ、市街地でも意欲的な工場見学を行うにはどうすればいいだろうか。

▶**第1時**──工場と子どもの距離を縮めるには？

小3の理科では磁石を使い電気を通して金属の性質を学ぶ。ここで1円玉等を出してアルミに出合わせておく。

本時はアルミ缶とスチール缶を提示し、『どちらがアルミ？』と問う。班にも配って対比。

写真提供：理研軽金属工業株式会社

薄さや軽さ・柔らかさ・熱の伝えやすさに気づかせ、アルミの鍋・やかんを示して生活との関わりも実感させたい。

『教室ではどこにアルミが使われているか』ヒントは①大きい・②四角い・③鍵つき。正解は窓枠（アルミサッシ）である。学区内にある理研軽金属工業株式会社は、アルミからいろいろな製品を作っている工場だと伝える。

身近なところに製品を発見させて、市街地の工場と子どもの距離を縮めたい。

▶**第2時**──予想を立てさせ、課題意識を持たせるには？

事前に工場からいただいたアルミ板の切れ端を提示する。『製品をつくる時に出た余りです』（活発に反応）『アルミ板から製品をつくるまでに、工場ではどんな仕事をするか』（予想を発表）原料から製品までの過程に目を向けさせたい。

①切り取る・②くっつける・③型にはめる・④折り曲げる…どんな予想も否定せず、賛成・反対・迷うのいずれかに挙手させる。『どの予想が正しいのかなあ。工場を見学して確かめたい人は？』「は～い」（全員）。ここでは結論は出さない。

ルールを決めさせ、『いちばん興味を持ったことを人間デジカメで頭の中に写してこよう』と指示する。事後に、1つの場面だけを絵に描いて説明をつけるのだ。（『明日の授業に使える小学校社会科3年生』歴教協編／大月書店刊による）「プリントアウト」用のカードを配り、その日のうちに家庭でやらせてもよい。（その場合は次のように展開）

▶**第3時・第4時**──工場見学。働く人の動きに注意し、場面を3つまで「人間デジカメ」で写す

この作品は、すごい力・いろんな色・いろんな物に着目

▶第5時―「プリントアウト」して学び合う

班をつくって人間デジカメカードを出し、心に残ったことを交流する。教師は机間巡視。

全員が同じ場面を「写す」ことはあまりないので互いに教え合える。左の作品は、すごい力・いろんな色・いろんな物の3つを「写して」いる。

続いて、原料から製品をつくるまでの過程を確認。事前の予想が合っていたかどうか検証する。

最後は、各班で推薦した子を1名ずつ全体の場で発表させる。

▶第6時―地図作業で「道」を視覚化

アルミ板の原料は輸入アルミナである。工場から借りたサンプルを見せて子どもを引きつける。

そのアルミナの原料は鉱物のボーキサイトである。ここでもサンプルを提示する。何が何に変わったかを視覚的につかめばそれで十分。

続いて教室前面に世界大地図を掲示し、日本へのアルミナ輸出ベスト3の国に付せんを貼る。子どもは自分の世界白地図にそれを写して日本まで赤線を引く。

次に工場からの製品輸出国3つに違う色の付せんを貼り、また白地図に写して日本から青線を引く作業をさせる。

――地図上に線を引くことにより、作業と視覚を通してつながりを実感させる。

最後は日本の白地図を渡し、製品の移出先である都道府県ベスト3から静岡県まで線を引かせる。これらの地図を比べることで、自地域の工場と各地のつながりを意識させたい。
（増田敦子　静岡県静岡市）　※注：実践は2014年11月。現在日本では、アルミ精製は行われていません。

▶**市街地には、子どもがその製品を身近に感じていない工場もある。その工場見学を成功させるポイントは次の4つではないだろうか。**
　①製品と自分の生活の関係を再発見（第1時）
　②材料と製品を見てつくり方を予想（第2時）
　③1つの場面だけを「写して」学び合う（第3・4・5時）
　④地図で作業して自地域との関わりを視覚化（第6時）。

No.10 まちで行う工場見学②
地域と子どもの実態に応じた学び
観光地ではどのように？

　温泉観光地の熱海市の職業構成はサービス業と卸・小売・飲食店とで約70％を占める。熱海第二小学校の学区は、そうした仕事が集中する繁華街が多くを占める。外観から工場と分かる建物はまず見られない。
　そうした観光地ではどう工場見学を行うか。次の2点から和菓子工場を取り上げたい。

①製品は主に観光客の土産となるから、ホテル・旅館や商店の仕事と接点が持てる。
②頭より体で学ぶことが得意な3年生にとって「食」や「たんけん」は受け入れやすい。

▶**第1時**─「食」で引きつけて関心を高める（実物提示1）
　Ⓐ小豆を入れたビニル袋とⒷ砂糖を入れたビニル袋を掲げる。
　「さわってもいい？」と言う子どもたちから希望者数人を指名する。
　『この小豆と砂糖と水から何ができるか』つぶやき発言・正答は言わない。
　ここで、Ⓒ1日水に浸してからゆでた小豆を出す。事前に準備。
　教師が実演してつぶす。「あんこだ！」とみんなが答える。味見の希望者が続出。ⒶⒷとⒸを黒板の左右に貼って比べさせる。押さえたいことは次の3つである。
①小豆・砂糖・水等、はじめに用意するものを「材料」「原料」という。
②それらのかたちが変わってでき上がったあんこを「製品」という。
③人や機械の力で原材料を製品にするところを「工場」という。
　『つくったあんこは？』…まんじゅう等、和菓子に使われることを押さえておきたい。

▶**第2時**─まんじゅうをみせて店の仕事と関係づけ（実物提示2）
　スーパーを学ぶ際には、併せて駅前にある商店の学習もしておく。

　本時は、駅前に並ぶ土産物店の写真を見せてから『駅前のお店でこれを売っていました』と述べ、温泉まんじゅうの実物を示す（騒然）。右の写真を参照。
　『どこでつくっていると思うか』店頭で蒸籠に入れて湯気を出している。だからお店だという意見が出る。いや、あれは蒸かしているだけだ。つくるところは別だとの意見も出て対立する。では、正解は？
　容器に書いてあることを1人に読ませる。「製造所　〇〇製菓」。製造所＝つくっている工場だと押さえる。「熱海市…和田町…」和田町は学区にある。「ええっ、そんな近くに工場があるの？」（驚き）
　住宅地図を配り、場所を確認して工場の外観を写真で見せる。「あっ、あそこだ」「知ってる」学校から工場まで・工場から商店までの道に着色させて気づくことを言わせたい。

≪教室から離陸≫——地域に隠れた工場を探せ！（活動）
　第2時の最後に、あらかじめ2つのよびかけをしておく。

> ①『駅前の土産物店で売っている他のお菓子はどこでつくっているか。できる人は店で調べてこよう』
> ②『学校の行き帰りや家の近くで工場を見つけてこよう。音やにおいも手がかりになるよ』

　強制ではない。全員を一斉に動かそうとも思わない。
　——まだ十分関心の育っていない子もいる中で見つけたり調べたりすることを全員の課題とすれば、やってこられない子が必ず出る。それを叱ってはその子にとって楽しい学習など吹き飛んでしまう。そうではなく、1人の子の行動を褒め「あ、それなら僕もやってみよう」と思う子を増やしていくと、しだいに工場への関心が多くの子に広がっていく。だから、最初から一斉に全員を動かそうとしてはならないのだ。
　パン工場・漬物工場等、普段は見過ごしている地域の工場や食品製造所を子ども自身の目で再発見させたい。

▶**第3時**—見つけた工場を地図でチェック（作業）
　1人でもよい。駅前の店でまんじゅうの箱等を調べてきた子がいればまず発表。その工場名と住所を板書して住宅地図でチェックさせる。グーグルで確認できればさらによい。
　次に、進んで工場を探してきた子に報告させる。教師もそれ以外の工場名を挙げ、いずれも地図に色ぬりさせる。気づいたことも発表させたい。

▶**第4時**—見学の事前学習ではまとめ方を予告（分担）
　準備段階・製造段階・製品段階で働く人はそれぞれどんな仕事をするか。班で、誰がどこを観察するか分担する。見学後はそれを各自1枚の画用紙にまとめることを予告する。

▶**第5時・第6時**—工場見学（体験）

▶**第7時・第8時**—班で絵本づくり（まとめ）
　グラフを読み、熱海市には食料品工場が多いことを知る。その製品が土産物店等で観光客に売られ、市の人々の生活を支えることに気づかせる。
　各自の観察を記した画用紙は、背中合わせに貼って班で1冊にまとめて回覧したい。
（茶田敏明　静岡県熱海市）

学習課題 No.25 工場ではたらく人たち①

1ぱいのお茶から

▶授業のねらい
①静岡の茶生産が日本一であることを知り、持ち寄ったお茶を味わって茶葉を観察する。
②茶の木のどこがお茶になるかを予想し、原料から製品への変身の過程に関心を持つ。

▶板書例——最後は「工場」と記した箱を←の上に重ね、なかで何をするかを想像させる。

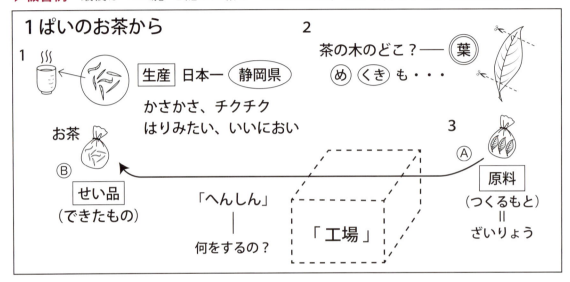

▶授業の展開：お茶を飲んでくつろいだら茶葉の観察に集中。製法の「？」に目を向ける。
▶準備：①湯のみを割れないように包んで持参することを事前に連絡。②少量のお茶・きゅうすを誰が持ってくるか班で話し合わせておく。③ラベルを読んで、お茶の名や種類・つくったところ等をメモするよう言っておきたい。④当日は家庭科室で授業できれば最善。ポット等の用具もあるしお湯も沸かせる。小3の子には新鮮な体験となって意欲も高まる。⑤ピンセットも準備（理科の用具は日常的に活用）。⑥教師は茶畑や茶の木の写真を用意する。枝葉（実物）を持ちこめれば、なおよい。

1 授業時間にお茶を飲む——味覚・触覚・視覚・嗅覚をフル活用
先生：ゆっくりお茶を飲もう。お茶をきゅうすに入れたらお湯をもらいに来よう。
　　——飲食に関わる学習には、みな楽しそうに取り組む。
先生：飲んでみると？（味覚）　　児童：熱い。おいしい。苦い。もう一杯。
先生：気分は？　　児童：リラックス。　　——お茶の効用の1つであると押さえる。
先生：モノをつくることを生産と言います。お茶の生産日本一の県は？
児童：静岡県！　　——全国の約半分の生産量を誇る。袋のラベルを調べる子もいる。
先生：持ってきたお茶を少しティッシュの上に出し、目と手と鼻で調べよう。
　　——班で3分〜5分話し合わせ、気づきや疑問の発表へ。

児童：かさかさ。チクチク。（触覚）針みたい。（視覚・たとえ）いい匂い。（嗅覚）
　　──感覚を言葉で表現させ評価につなげる。観察したお茶は少量をポリ袋に入れ、黒板左手に貼りⒷと記す。

2　「お茶」の正体を調べる──５択で活性化

先生：今調べたお茶はお茶の木のどこからつくったのか。
　　　①木②枝③葉④実⑤芽。
　　──茶畑と茶の木の画像を投影し、短冊で５択を示すと関心が手元のお茶から黒板に切り替わる。相談して挙手。理由があれば発表。
　さすがに「木」を選ぶ子はいない。「葉が丸まった」と答えれば、葉の全部か一部なのかさらに問う。
先生：ピンセットでティッシュの上に出して調べよう。
児童：葉っぱだ。ちぢまっていた葉が広がった。端が少し切れている。
　湯で開いた茶葉を持参した茶葉と比べてその変化をつかむ。正解は③の葉。だが、芽茶や茎茶・枝茶もあるので①④以外は正答としよう。ちなみに、茶の中に立つ茶柱の正体は茶葉に混じった茶の茎である。

3　どちらが製品？どちらが原料？──モノのへんしんと人のはたらきを考える

　次に、きゅうすから出した少量の茶葉をポリ袋に入れ、黒板右手に貼りⒶと記す。持参した茶葉もポリ袋に入れ、左手に貼ってⒷと記す。原料とせい品２枚の短冊を示して読ませ、製品＝できたもの・原料（材料）＝つくるもとであることを確認。

先生：ⒶⒷのどちらが製品でどちらが原料か？
　　──答えはⒶが原料・Ⓑがせい品。板書したⒶからⒷに←を引き、Ⓐのお茶の葉はⒷのお茶へ「へんしん」することを押さえる。最後に「工場」と書いた箱を←の上に置く。

先生：ⒶとⒷの間に何をするか。
　予想ができた子どもは、板書をノートに写してから片づけに入る。

---

①見学する工場を選ぶ３つの視点－身近（食等）・製造過程がシンプル・仕事が見える。
②工業の特色を他の産業と比べると？（教師側の押さえ）
　・農業──タネ（A）➡作物（A'）。大根の種をまけば大根が育つ。「大きくな～れ」
　・工業──原料（A）➡製品（B）。小豆と砂糖からアンコをつくる。「へ～んしん」
　・漁業──海の魚（A）➡自分の魚（A）。獲れば自分のモノ「はやいものがち」
　・商業──製品（A）➡製品（A）。運ばれた商品をそのまま売る。「もっと買ってね」
③工業学習の４つのねらい──重点は㋐モノのへんしんと㋑人のはたらき。ふれたいことは㋒どこから原料が？・㋓製品はどこへ？（質問・調査・まとめを重視）
④可能であれば働く人と会話──労働への関心を高め、キャリア教育への第一歩ともなる。

学習課題 No.26　工場ではたらく人たち②

事前の学習をシートに書きこみ

▶授業のねらい
①工場の写真を見て気づきや疑問を出し、仕事の内容を予想して見学への意欲を高める。
②調べたいことや質問を出し合い、必要なルールを考えて当日や事後のまとめに生かす。

▶授業の展開：教師が先に説明しない。反応に応じて学習を進めて子どもを活性化させる。

▶準備：予察で工場を訪れた際、外観や内部の様子を可能な範囲で撮影しておく。

1　どうやって原料を製品に？──２枚の画像と４つのステップで想像を膨らませる
①黙ってⒶを示す。「袋に詰めている」「お茶だ」教師が黙っているから反応が活性化する。
②黙ったままⒷをさらに示す。「働く人だ」「何の機械？」さらに関心が高まる。
③ここではじめて口を開く。『何の工場かな？』「お茶だ」茶を製造するので**製茶**工場ということを押さえる。『どこにあると思う？』略地図を使い、位置や学校からの距離を確認する。遠くはない。イメージが湧くと、見学したいとの声がしだいに高まる。
④ここで、前時に使用した原料（なまの茶葉）と製品（乾燥してよじれた茶葉）を再度黒板の左右に貼る。
先生：原料を製品にするため工場ではどんな仕事をするか。この前考えた予想を言おう。
児童：葉を切る。葉を丸める。袋詰め。　──自由に想像させ、どの意見にも頷きたい。

2　調べたいことや質問は？──たくさん出させても覚えきれない
先生：本当は何をしているか。調べたいことや質問を出そう。　──相談➡発表。
　網羅的にたくさん出させる必要はない。思いつきを気軽に発表させ、見学への視点として生かす。教師側は次のような点を心にとめておき、子どもの発言の意味付けに使いたい。

> どうやって？　どれくらい？　何人で？　何を使って？　大変なことは？
> 工夫や努力は？　かかる時間は？　種類はいくつ？　つくった製品は？

3　どんなルールをつくるか？──工場見学の特性に応じて
先生：スーパーではお店に並んだ商品を自由に調べたね。でも、工場では機械や人がモノをつくる所を見学する。注意することは？　──相談➡発表。
　安全面の配慮・集団行動の大切さに気づかせ、「班で動く」「機械に触らない」「騒がない」等のルールづくりにつなげたい。
　学習事項を書き入れた右ページのようなシートは、ノートやとじ込み式のしおり等に貼って見学の際に参照する。事後のまとめや反省の際にも繰り返し活用させたい。

Ⓐ

Ⓑ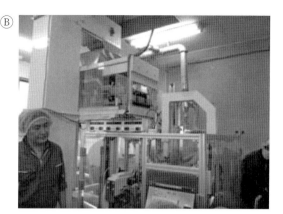

工場見学をしよう　　　　名前

1　工場では原料を製品にするために何をするのかな？

できたもの（製品）←　　　[　？　]　　　←つくるもと（原料）

2　工場へ行って調べたいことや質問したいことは？

3　工場見学ではどんなルールをつくるか

101

学習課題 No.27　工場ではたらく人たち③

見学の重点を決める

▶授業のねらい——工場見学
①工場の特色に応じて見学の重点を定め、安全を徹底して優れたまとめ方を共有する。

▶どこに見学の重点を置くか
①人のはたらき
　家族で営む昔ながらの製茶工場の図を右に示す。機械は旧式で製造過程もシンプルである。誰がどこで何をしているかをつかませたい。
②機械のはたらき
　機械がそれぞれどんな仕事をしているか。たどらせて補説すると、 原料 ➡むす➡揉む（何度も）➡まるめる➡乾かす➡ 製品 というプロセスが見えてくる。

▶見学学習の展開

1　することとしてはいけないことは？——再確認は画用紙で
　——見学前に指示を行う。
　①気づいたことは文や絵でノートすること。
　②いちばん心に残った機械の動きや人の働きを、後で**1つだけ**カードに書きます。
　続いて、3つの注意を記した画用紙をみなに見えるように提示する。

1	はなれない
2	さわがない
3	さわらない

　先生：読んだ人は手を挙げなさい。　　——全員挙手。
　先生：覚えた人は手を降ろしなさい。
　　——全員が降ろしたら画用紙を隠す。数人に内容を復唱させ、覚えたところで工場内へ。安全第一！

2　見学後の質問を重視する——出荷先は地図で確認
　工場側に依頼しておき、イメージの湧かない見学前の説明より見学後の質問に重点を置かせてもらう。質問の際は製品の種類や販売先も確認。輸出している場合もある。
　百円均一等で買った日本と世界の大地図を持っていき、出荷先の県名や国名を聞いたら即座に付せんを貼って示す。子どもの視線が集中し、どこまで製品を運んでいるかも視覚化される。自県は事前に赤く着色。あいさつやお礼の言葉は自分の感想を入れて言わせたい。

3　ノートを提出——理解度を知り、優れたまとめ方の共有へ
　帰る前に班等で再確認する時間を数分間とる。見落としたところ、あやふやなところはそこで再確認させる。ノートは、その日か次の社会科授業の前日までに提出させ、まとめが上手な何人かのノートをコピー。次の時間に配布してみなの参考にさせる。
　地域の他の工場の前を通った時には、なかでしている仕事を想像するようになりたい。

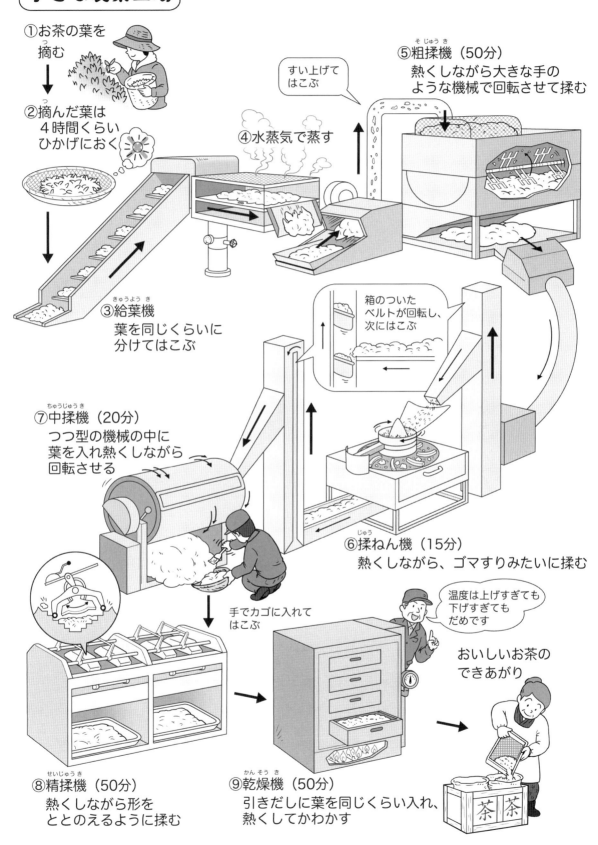

No.28 工場ではたらく人たち④
見学のまとめ・お茶ができるまで

▶授業のねらい
①大量生産のありさまを想起し、働く人の服装や様子からその仕事内容や努力をつかむ。
②それぞれの機械がどんな働きをして原料を製品に変えるのか。その過程をふりかえる。

▶板書例

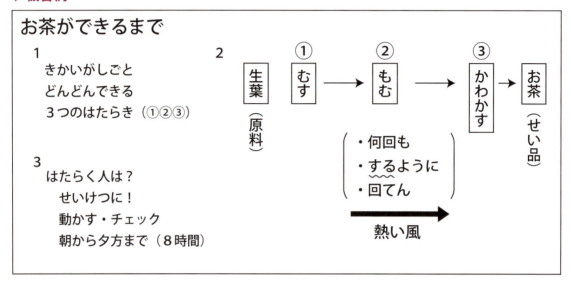

▶授業の展開：班（並べる）・ペア（書く）・全体（発表）の活動を組み合わせて学習を発展。

1　カードに記入して発表——ペアから全体へ

先生：工場はどんな 匂い がしたの？　　——口々につぶやきが起きる。
先生：工場はどんな 音 がしたの？　　——再び活性化。動いていた機械に関心が向かう。
先生：工場ですごいなあと思ったことを１つ書こう。
　——２人１組でカードに記入。書けた者から順次提出し、５分ほど経ったら全員提出。カードは黒板右半面に仮貼付する。最初に数人を指名。続いて挙手発表に移る。教師はその都度、発表者のカードを指で示して集中させる。
児童：機械が動くとお茶がどんどんできた。袋詰めも機械がしたので驚いた。いろいろな機械がいろいろな仕事をしていた。
　——大量生産と自動化のすごさが分かってくる。（1を板書）
先生：他にどんな意見があるか。みんなのカードから見つけて言おう。
　"探す"という意識でさらに見つめる。予想外の意見を発見させ学び合いにつなげたい。

> カードはＢ４判画用紙を半分に切り、点線のようにおっておく。
> ２人の意見が共通であれば１つにまとめ、異なっていれば併記させる。

2　カード5枚を並びかえ──班から全体へ

先生：では、原料がせい品になるまで機械はどんな働きをするか。班で相談して順にカードを並べよう。

先生：席の向きを直した班は、代表が道具を取りに来て下さい。

　　右のセットを受け取ったらすぐに学習開始。

　　機械の働きを想起して5分ほど作業を進め、できた班から提出させたい。

　　──[もむ]については、熱風を送りながら強く揉んだり擦るように揉んだりドラムで回転させて揉む等、多様な作業をふくむことを確認したい。

　提出された小黒板は黒板の左半面に順次貼付する。出揃ったら応答を交えながら正しい順序を確認し、1つの小黒板からカードをはずして、黒板右手に並べ直す。ここで全ての小黒板をはずす。

先生：黒板に書いたことをノートに写しましょう。

　　──教師もいくつか補足を加える。①②③の各工程に、対応する機械の画像を提示するとその働きをイメージしやすい。

```
小黒板    （原料）        （せい品）

カード  [お茶][もむ][むす][かわかす][生葉]
```

3　はたらく人の何を見る？──キャリア教育の第一歩として

先生：これで、生葉がお茶になるまでのヒミツが分かったね。

児童：はい。

先生：では、働く人をみて気づいたことは？

児童：帽子をかぶっていた。髪の毛をお茶に入れないためだ。僕たちも帽子やマスクをつけた。

　食に関わる工場における衛生面への着目である。ここにも働く人の努力がある。

先生：どんな様子だったの？

児童：ずっと立ちっぱなし。機械の動きをチェックしていた。工場の中をあちこち動き回っていた。

見学者も帽子とマスクを着用

　労働への着目である。インタビューしていればその内容をここで発表させる。

先生：朝9時からだと何時まで働くと思う？

　1時間の昼休みをはさみ、夕方の5時まで8時間働く。学校での自分たちの過ごし方と比べ、何が大変かを考えさせたい。

　地域のはたらく人を見つめ、その仕事の内容や努力をつかませることは、小学校におけるキャリア教育の第一歩ではないだろうか。最後は、次ページの1にあるような、自分たちが飲むお茶の産地調べを呼びかけておきたい。

学習課題 No.29　工場ではたらく人たち⑤

遠くの人が飲むお茶は？

▶授業のねらい
①自分や県内外の人々が飲むお茶の産地はどこか。条件に応じて調べたことを学び合う。
②調べた子の発表を受け、関係する県名を白地図に記入して他地域との関わりを考える。

▶板書例—板書事項は写さない。作業した白地図に気づきを記入してノートに貼らせる。

```
遠くの人が飲むお茶は？

              〈知りあい〉    〈飲むお茶〉
  県内  ①たくや   伊東市      伊東市
        ②みま     はままつし   川根町

  ほかの県
        ③ゆめ     青森県      静岡県
        ④そら     山口県      かごしま県
        ⑤れいか   東京都      静岡県
        ⑥るい     あいち県    静岡県
```

日本　白地図黒板　遠くまで／外国へ

▶授業の展開：調べられる人は調べるようよびかけ、ノート提出を起点に学びを広げる。

1　君はどこでつくったお茶を飲んでいる？──調べる意欲を引き出そう

──前時の授業の終わりか帰りの会で、次のように投げかける。

先生：先生は家でこのお茶を飲んでいます。　──もったいぶってお茶の袋を提示。
先生：「玉緑茶」。つくったところは静岡県の伊東市です。　──商品名と製造地を言う。
先生：君たちはどこでつくったお茶を飲んでいるか。　　児童：え〜？知らないよ。
先生：あらら、工場の人はあんなに努力しているよ。知らなくてもいいのかなあ。
児童：う〜ん。家で調べてくる。
先生：えらい！調べてくる人は手を挙げて。
──挙手が増えていく。
先生：すごい。あの班は全員！やってきた人はノートに書いて、明日の朝に出そう。

翌日、教卓の上には何冊かのノートが提出される。やらない子を怒らず、やってきた子を称揚したい。時には、ペットボトルの製造地まで調べてくる子も現われる。国産とだけ表示する場合が多い。

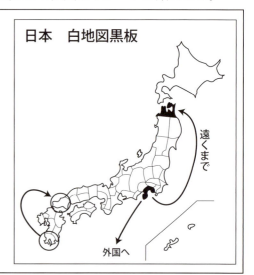

名　称	玉緑茶
原材料名	緑茶(国産)
内 容 量	100ｇ
賞味期限	裏面に記載
保存方法	高温・多湿を避け移り香にご注意ください。
製 造 者	──製茶園 静岡県伊東市萩── TEL0557-37── FAX0557-37──

表示から製造地を探る

2　ミニ社会科学習を帰りの会で――各地の知り合いにアタックできる人は？
　　調べたことはその日の授業や帰りの会で発表させる。製造地を県内と県外に分けて板書し、家では地元の市町村や県内産のお茶を多く飲んでいることを確認したい。
　先生：では、みんなが飲む静岡県のお茶は他の県でも飲んでいるか。
　　――いる・いないの2択で挙手。
　先生：どうやって調べようか。
　　――いろいろ出た後、『他の県や市町村に親せきや知り合いがいる人は聞けないだろうか』と投げかける。できる、聞けます、という子を確認。家の人がいいと言ったら、次の授業までに聞いてくるようにさせたい。

3　さあ、発表と白地図で学習だ！――静岡のお茶はどこで飲まれているか
　①『どこのお茶を飲んでいるか、遠くの人に聞いてきた人は？』挙手者には、順に発表してもらう。県内の場合は、その人が住んでいる地域や産地は市町村名を記し、県外の場合は大きくとらえて都道府県名だけを板書したい。
　②都道府県名に全てふりがながついた日本の白地図（地図帳にも記載）のコピーを配布する。『黒板の③〜⑥に書いた人の知り合いがいる都道府県に○をつけよう』（P106板書参照）相談可。できた子は挙手。教師がハイと言ったら降ろす。これを確認の挙手という。誰ができて誰ができないか一目瞭然である。
　③『その中で、静岡のお茶を飲んでいるところを赤く塗り静岡県から線を引こう』やはり確認の挙手。早くできた子を指名し、前面の白地図黒板の該当地に次々と着色させていく。
　④答えを合わせ、分かったことを発表する。子どもたちが見学したO製茶工場では、フランス・台湾・中国等、海外にも輸出していることを想起させる。教師は教室常掲の世界地図で国々の位置を確認して付せんを貼る。気づいたことを言わせて授業を終了したい。

▶いろいろあるよ――他地域との関わりを学ぶ方法
①**工場を見学した際に、原料はどこから・せい品はどこへ行くかを聞かせておく。**（学習課題№27参照）その都道府県名を発表させ、本時と同様の白地図作業につなぐ。
②熱海市のA小学校ではまんじゅう工場を見学後、駅前のアーケードに並ぶ土産物店の写真を示し、そこで売るまんじゅうの菓子箱を提示した。熱海に来た人が、買って帰ることを押さえ、市にはどの都道府県から多くのお客が来るかベスト5を示す。**それらを、白地図に表して熱海と結べば工業と商業を通して他地域とのつながりが分かる。**
③沖縄のB小学校では特産のカボチャについて学習し、農家から出荷する段ボール箱の中に、子どもの手紙を入れさせてもらった。**そこに返信はがきをつければ各地で買った人の中から便りが届く。**交流によって他地域との関わりを学ぶ1つの方法と言える。

学習課題 No.30 田畑ではたらく人たち①

まちは（　　　　）の名産地

▶授業のねらい
①自分たちのまちで多くつくる野菜は何かを知り、実物や写真をみて関心を高める。
②かぼちゃの実はどこにできるかを予想し、農業の特色を知って多くの質問を考える。

▶板書例—イラストは筆記しなくても可。代わりに出た質問をたくさん筆記させたい。

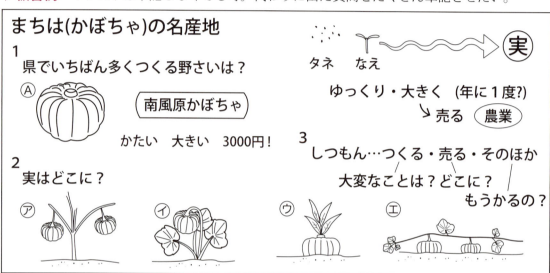

▶授業の展開：実物で引きつけ、「どこに実ができるか」で盛り上げ質問を多く書かせたい。

1 　自まんの野さい、こんにちは——まず実物を提示して
　先生：どんな野さいを知っている？
　　——隣りと相談して自由につぶやく。かぼちゃ・トマト・すいかを抜き出す。野菜と果物を区別する。
　先生：このうち、私たちの南風原町が沖縄県でいちばん多くつくっている野菜は？
　　——ここは挙手発言。理由があれば聞き、机の下から実物のかぼちゃを取り出す。

　「大き〜い」「かぼちゃだ」「値段は？」席の間を持ちまわる。さわり、たたき、自分の頭と比べたり。十分満足したところで、これが南風原かぼちゃであり、県内のかぼちゃの10分の3は自分たちの住む南風原町でつくることを教えたい。
　　——ここでタイトルの（　）に「かぼちゃ」と記入。
　先生：外国産は多くとれると激安で199円。品薄の季節外れにできる南風原かぼちゃの値段は…。　——口々に発言。
　3000円の高級品だ。誰が買うのか。どれだけおいしいか。関心はさらに高まる。

108

2　かぼちゃの実はどこにできるか──ゆっくりゆっくり"大きくな〜れ"

先生：では、これは何？　下の®を投影する。　　児童：葉っぱ。草。

　じつはかぼちゃの苗である。

先生：この苗が大きくなるとかぼちゃの実ができるね。では、苗が育つとかぼちゃの実はそのどこにできるか？（大騒ぎ）絵を描いてもいいよ。

　あまり考えていないが、すぐ手を挙げる子に予想を板書させる。異論が出たら次々と指名。枝になるみかん型・つるが這うさつまいも型等が出る。

先生：さあ、正解は…。　　──下の©を投影。　　児童：お〜。

　これなら重くても大丈夫。こうしてタネ・苗（A）を野菜・米等の作物（A'）になるまで大きく育てて売るのが農業＝田畑の仕事だと押さえ、®➡©➡Aの順序を確認する。

先生：かぼちゃ等の野菜は１日で育つの？　　児童：育たな〜い。時間がかかる。

　年に１度しかとれない作物も多い。原料（A）を製品（B）にすばやく"ヘンシン"させる工業との違いに気づかせる。"ゆっくりゆっくり大きくな〜れ"それも農業の特色であった。

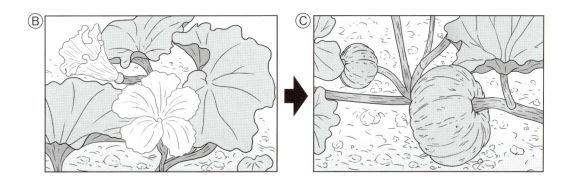

3　はたらく人への質問は？──ノートにたくさん書き出そう

先生：農業している家を何とよぶ？　　児童：農家。

先生：南風原町に何軒あるか？

　182軒である。（2015年・沖縄県農業センサス）

先生：その１軒。かぼちゃ農家の神里さんを紹介しよう。──®を投影。

先生：南風原のかぼちゃづくりについて質問は？

　──隣と２分間相談。その間に「つくる・売る・そのほか」と板書。）

先生：質問を５つ以上考えてノートに書こう。

　──５分間ほど個々で記述。相談も可。子どもの内面に多くの知りたいことを育み、それを文章化させて農家見学への自覚を高める。

先生：いろいろな人に聞いて質問を10まで増やそう。

　──全体での発表はほんの数人でよい。ノートは最後に提出させ、大事な質問をチェックして見学当日に尋ねさせたい。

学習課題 No.31　田畑ではたらく人たち②　※見学3時間＋まとめ1時間

おいしいかぼちゃをつくるには？

▶**授業のねらい**——見学
　①3つの実物資料をみて農家の努力や工夫に気づき、対話を活性化して説明を聞く。
　②農事暦から年間の仕事を読みとり、どうすればかぼちゃ農家が増えるかを考え合う。

▶**授業の展開**：最初に田畑の仕事の技と努力を実感。関心を高めてから対話➡質問➡説明へ。

▶**準備**：①かぼちゃカレンダーと5枚の短冊の作成。②セロテープ。③農家との折衝。

1　3つの「モノ」から田畑の仕事を知ろう——手仕事（労働）・機械・土に目を向ける

　これなあに？と教師がモノを示せば話を聞きとる力が弱い子も集中する。特別な道具でなくともよい。事前に農家の方と打ち合わせ、次のような「モノ」から田畑の仕事への関心を高める。地域の農業の実態に応じて適切な「モノ」を選んで教材化したい。

> ①手仕事——例えば**鎌**を見せて希望者1人に雑草の草刈りをさせる。思うように切れない。その後で「プロ」がその技を示せば子どもは感嘆する。どこが違うか何が上手か気づかせたい。
> ②機械——例えば**噴霧器**を示して、何をする道具か・どんなしくみかを予想させる。その後で水を霧にして撒いてもらう。続いて希望者1人に実演させるとみな喜ぶ。
> ③土——**道の土と畑の土**をさわって対比。「道の土は固いけど畑の土はふわふわ」「なんで？」「どうやったらこうなるの？」多くの気づきや疑問を持たせたい。

　農家の方も、実際の「モノ」と関わって話せば生き生きと話ができる。疑似体験を通して子どもとの対話も生まれる。最初から一方的に話だけを聞かせてはならない。

　　——ハウスに入れてもらって説明を受けても可。
　　人数が少なければ、「絶対にさわらない」ことを条件に畑の周りを歩かせ、育てている「モノ」を観察させたい。

南風原町の畑にあるビニールハウス

2　参画から対話へ——どう一方通行から脱皮？

　続いて農家の方の話を聞く。話を一方的に聞くだけでなく、子どもが生き生きと参画できるよう次のような工夫を行いたい。

①落ち着かせる
　できれば全員を座らせ、静かになったところで始めの言葉を言わせる。
②子どもの参画でかぼちゃカレンダーづくり

下のような農事ごよみを大判画用紙に貼って提示。集中したところで、たねまき　なえをうえる　花ふんつけ　とりはじめ　とり終わり の短冊を前の子ども５人に持たせ、みなの方を向いて起立させる。

月	9月	10月	11月	12月	1月	2月	3月	4月	5月	6月	7月	8月
日	上中下	上中下	上中下	上中下	上中下	上中下	上中下	上中下	上中下	上中下	上中下	上中下
やること			たねまき　なえをうえる	花ふんつけ		とりはじめ →→→			とりおわり			

先生：たねまきは何月かな？
　つぶやき発言を受けてから教師はその短冊を持つ子に『11月の上』とささやき、該当箇所にセロテープで貼付させる。以下同様にてきぱきと短冊を貼らせ、子どもの参画でカレンダーを完成させたい。なえをうえる—11月中　花ふんつけ—12月中　とりはじめ—2月中　とりおわり—5月上。
　こうして予備知識や疑問をもったところで農家の方が再び登場。
先生：仕事のことで○○さんに質問は？
——３人限定で質問させ、それに答えるかたちで話をしてもらう。実演も効果的だ。

③仕事の喜びと工夫を紹介
　カレンダーにある仕事をどのように行うか。それ以外の時期は何をしているか。おいしいかぼちゃをつくるため、土づくりから始まる努力と工夫も語ってもらう。さらに質問を受け、大変なこと・嬉しいことも話してもらう。

▶**まとめの授業**：町の農家を増やすには？—棒グラフから変化をつかむ
　見学が終わったら、その日か翌日にまとめの学習を行う。
①**見学して分かったことや感想の発表**
　４～５人を指名。全員終了後、教師は各発言を関連づけながらコメントする。
②**かぼちゃづくりごよみの復習**
　○○さんの努力や工夫についても再確認したい。
③**町の農家の数は今？**
　増減を予想。次に右のグラフを提示。左端（2005年）以外の棒線を隠し、順次開けていくと変化が一目瞭然だ。
先生：どうすれば農家が増えると思う？
児童：もうかるようにする。もっとかぼちゃを売れるようにする。
　そのために農家の人はどんな努力や工夫しているか。次時に学びたい。

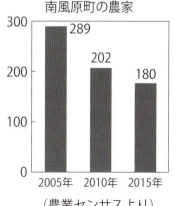
南風原町の農家
（農業センサスより）

学習課題 No.32　田畑の仕事ではたらく人たち③

かぼちゃはどこへ？

▶授業のねらい
①段ボール箱の山に驚き、たくさんのかぼちゃをどこに出荷するか各自の考えを出す。
②予想の後に出荷先を確かめ、とれたかぼちゃ全てを売りきるための努力と工夫をつかむ。

▶板書例

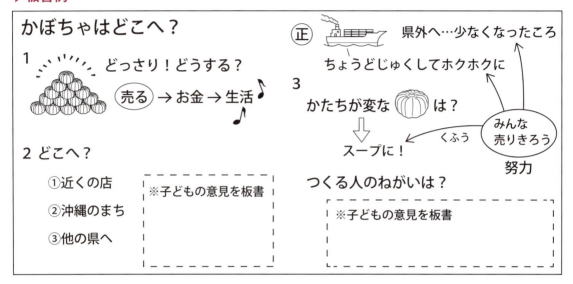

▶授業の展開：「？」をもとに対立・検証の場面を設定し、「努力と工夫」を発見させる。

1　かぼちゃは誰が食べるのか──段ボールの空き箱を資料にする

　　──Ⓐを黙って投影。実物の段ボール箱1つを先に見せるとさらに効果的だ。子どもの反応を受けて問う。

先生：何が入っているの？　　児童：かぼちゃ。
先生：南風原町ではこの何百倍も取れる。つくった人が全部食べるんだね？　　──あえて間違う。
児童：違うよ。他へ売る。運ぶから箱に入っている。食べるのは買った人。
　　──間違いを正そうとして活性化。子どもの側から正答が出る。
先生：南風原かぼちゃを買って食べたことがある人は？
児童：え〜、覚えてないよ。
　　──地元のスーパー等で売っているのか。聞いても答えはあやふやだ。
先生：南風原かぼちゃは、本当はどこに出荷しているか。
　　思いつきで予想を言わせた後、3択問題Ⓑを示したい。

写真提供：JAおきなわ

2 対立・誰の意見が正しいか──答えを検証して資料を読み深める

Ⓑ 南風原かぼちゃの主な出荷先は？
①近くのスーパーやお店
②沖縄の他のまち
③東京など遠くの県外

①〜③のうち、賛成する者に挙手させ、理由があれば発表させる。
①重いから。近くの人なら味も分かる。
②多くとれるから他のまちにも売る。運ぶお金がかかるから県外には運ばない。
③金持ちが多いから重くて高くてもおいしければたくさん売れる。

対立したところで次のⒸを提示して読ませたい。

Ⓒ 南風原かぼちゃはどこへ？
　県内にはあまり出荷されない。とれたかぼちゃのおよそ10分の9は、県外での生産が少なくなったころ船に積まれていざ出発。行き先は東京等、えらばれた南風原かぼちゃはあまみがあり、大きさがそろって見た目も美しい。ついた名前が「畑のダイヤモンド」。
　だから、3000円という高値でも東京等の高級レストランにどんどん売れる。とってから2〜3週間たつころにはよくじゅくしてほくほくになっているという。

　正解は③。つぶやきを拾い、分かったことを発表させると学びが深まる。

3 農家の人は頭い〜い──ここにもあった努力と工夫

先生：では、味はよくても大きすぎ・小さすぎ。見た目の悪いかぼちゃはどうするか。
　　──捨てるとか自分たちで食べるとか予想が出た後にⒹを投影する。正解はかぼちゃスープだ。
先生：こうすれば形が悪くても？
児童：分からない。関係ない。
　　　味はよいのだから十分買ってもらえる。
先生：生のかぼちゃに比べてよい点は？
児童：料理しなくていい。かんたんに飲める。頭い〜い。

Ⓓ

写真提供：南風原商工会

　一杯分が約120円。農家の人は育てることにも売ることにも努力と工夫を重ねていた。
　こうして頑張るかぼちゃ農家の人の願いは何か？ 予想を言わせて次につなげる。
　次時は農家の人を招くかインタビュービデオを視聴させ、その願いをつかませたい。

No.11 地域と子どもの実態に応じた学び
畑に出かけて働く人と対話しよう

学区に畑がある場合──偶然の出会いをふれ合いと対話につなげて学習を発展させる。

▶**授業のねらい**：地域の畑の様子や育てている作物を見て働く人との対話を始め、学び合いを深めていく。

　子どもが勉強している時間帯は地域の人が働いている時間帯。クラスみんなで畑の道をぞろぞろ歩いていこう。農作業を見て声をかけると、やさしく教えてくれる人が必ずいる。

▶**畑に行く**

①農道をぞろぞろ歩き、子どもが作物に興味を示したところで立ち止まる

児童：これなあに？──共有体験から「？」を引き出す。

↓

②育てている作物の名を聞き、畑で働いている年配者と話を始める

児童：教えて下さい。
農家の人：いいよ。何年生？何しに来たの？　これはねえ…。

↓

③名前と家の場所を聞き、後日訪問して話を聞かせてもらう約束をする

児童：話を聞きに行ってもいいですか。　農家の人：いいよ。
児童：ありがとうございます。

↓

④さらに歩いて別の畑に行き、また①～③のステップをくりかえす

　オクラを育てるＡさん・えん菜を育てるＢさん・ハウス栽培のＣさん（例）等、農家の人と出会い対話する。同級生のおばあさんの野菜づくりの様子も分かった。

▶**教室で**

①分かったことや知りたいことを出し合い、もっと詳しく調べることにする

児童：畑ではいろいろな野菜を育てていた。育て方は？　種まきはいつ？
先生：つくった野菜はどこに売るかも確かめてこよう。

↓

②誰がどこの農家を訪問するか。グループ分けをして質問を考えさせる

　リーダー・約束・聞きたいこと・行きと帰りの時刻・連絡方法等を確認。
　教師の巡回の経路も教える。場合によっては保護者に支援を依頼する。

114

▶農家をグループ訪問

次のように、仕事の努力と工夫を聞きとらせる。

⑦オクラづくり一筋のAさん
- 10月ごろには1m40cmに生長。
- いちばんの敵は風で、根がゆるむ。
- その根元に1本1本土をかける。
- とげ対策で夏も長そで長ズボン。
- 手にはかぶれ止めの薬をつける。

④Bさんのえん菜づくりのひみつ
- 朝4時から午後4時まで働く。
- 種を3月にまき、苗を4月ごろに植え、5月から10月まで収穫。
- 毎日20束ほど取り、道ばた販売の店で新鮮なうちに売る。

⑨ハウス栽培のCさん
- ゴーヤーはかぼちゃの根に接ぎ木すると病気に強くなる。
- 畝に白いビニルをかぶせるとハウスの中が暑すぎない。細いホースが畝に通っていて水かけに便利。

㊉同級生のおばあさんの野菜づくり
- インゲン・トマト・オクラ・きゅうり・ピーマン・にんじんをつくる。
- それぞれの時期を計算して栽培。
- 「野菜は自然と闘っているよ」
- ハウスに穴があると雀が入る。

Aさんの畑で育つオクラ

Cさんのビニールハウスの野菜

▶再び教室で

①朝いちばんで駆け寄ってきた子どもの思い・驚きに耳を傾け教師も共有する

児童：Cさんはかっこよかった。いっぱい聞けたよ。どこに売るかも分かった。
先生：よく調べたね。どうやってそれをみんなに伝えようか。

↓

②グループごとに何をどんなやり方で伝えるか相談しよう（多様な方法）

紙芝居・ペープサート・農家の本人が出演する解説劇・新聞に書いて発表。

↓

③準備をして発表会を開こう

個性的に表現して学び合う。➡感想とまとめ。

▶発表はどのように？

　表現の方法も児童の工夫に委ね、互いのよさを学び合わせる。

㋐ Aさん自身も登場してオクラづくりの努力と工夫を解説劇に

　本人が登場したので観ている子もびっくり。質問があれば何でも答えてくれる。

㋑ えん菜づくりを新聞にまとめて発表

　貼りつけた写真と調べた9項目の答えを対照しながら説明。大事なことがもれなく入れてあるので理解が深まる。あとで掲示して再読。

㋒ ペープサートでハウスの仕事の様子を発表

　台本も自作。人形の動作に全員が集中し、イメージ豊かにハウス農業の工夫を理解できる。

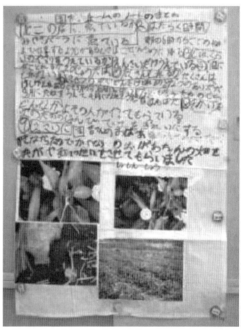

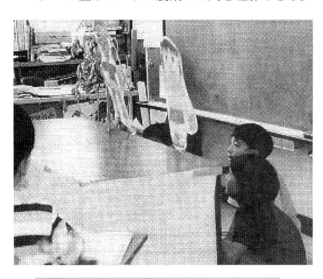

㋓ 紙芝居『やさいたんけんたい』を上演 （次ページ参照）

　分担して8枚の絵と説明文を仕上げていくのでヒマな子が出にくい。順に並べて掲示すれば、おばあさんの野菜づくりの工夫と努力が見える。野菜というモノ・育てるヒトと関わる中で楽しく充実した学習を行う子どもたちの声が、8枚の絵から聞こえてくる。

▶モノ（野菜）との対話・ヒト（育てる人）との対話を、学び合いの中で友達との対話に発展させよう

①やさいたんけんたい出発

②育てている野菜は何種類？

③インゲン・消毒液のこと

④オクラだぞ　すごいなあ

⑤実がなった　とげもあるよ

⑥きゅうりだ　おいしそう

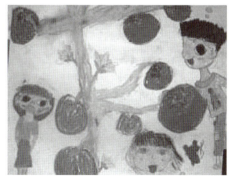
⑦トマトもたくさんあるよ

⑧野菜づくり名人の話を聞く

（崎濱陽子　沖縄県うるま市）

学習課題 No.33 かわってきたくらし①

おじいさんが子どものころ

▶授業のねらい
①道具の「？」を探って昔の人の知恵を発見し、生活の中での使われ方を理解する。
②子どもや大人が昔はどう生活していたかを学び合い、博物館見学への意欲を高める。

▶板書例

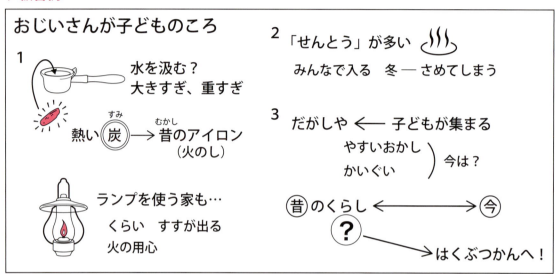

▶授業の展開：資料は地域差に応じて選択。3つに絞ってじっくり考えさせても盛り上がる。

▶準備：多忙でも「視点」があれば資料は身近に発見できる。例えば学校の資料室にある火熨しや炭等の実物を用意。銭湯や駄菓子屋は今もあるので、そこから具体的なイメージがつかみやすい。多様な発言を引き出し、昔の人の知恵や生活の共同性に気づかせたい。

1　昔の人の知恵はすごいなあ──郷土資料室や物置から「？」を生むモノを借用

先生：これなあに？
児童：神社で手を洗う時に水を汲むやつ？
　　　水が入るところが凹になっている。
　　　──希望者にさわらせる。
児童：持ったらけっこう重い。底がすべすべしている。水ではなく熱いものを入れる？

モノを見ると、3年生は多様な気づきを発表しながらしだいに正答に迫っていく。
先生：炭を入れます。すべすべの底は熱くなり、それを利用して衣類を…。
　　　──実物の炭を取り出して入れるとよい。

児童：それで服のしわを伸ばす？じゃあアイロンだ。

　子どもはこうして火熨しに出会う。家庭科室から借りた今のアイロンを提示し、違いを問うと発言はさらに活発になる。

先生：これはなあに？　——ここでも実物を提示。

　ランプが燃え続けるための空気の穴を発見し、火のつけ方・ホヤの役割や外し方等を探る。シンプルなかたちの中に昔の人の知恵が詰まっていることに気づかせる。こうした道具を使って生活していたのがおじいさんたちの生きた昔の時代だと押さえたい。

2　ここはどこ？——写真から分かることを発表しよう

（台東区立下町風俗資料館）

先生：それでは、ここはどこ？

児童：♨マークだから温泉。銭湯だ。

先生：正解。『女』と上の窓に書いてあるからこっちが女湯。反対側に男湯がある。真ん中にある席が番台。何をするところかな？

児童：お金を払って入るから、それを受け取る人が座る場所だ。

　昔はお風呂がない家も多かった。広い湯船につかって大人も子どももはだかで交流。今と比べて不便な点やよい点を出させ、昔の生活へのイメージをさらに豊かにする。

3　昔の子どもの行く店は？——博物館へ行ってさらに詳しく調べよう

（台東区立下町風俗資料館）

　画像を見ると歓声をあげ、熱心に気づきを発表する。「だがし屋さんだ」ここは、子どものたまり場ともなった。

　何を売っていたか。行った経験のある子がいたら発表させる。ねだんの安さ・くじのスリル・買い食いの楽しさ等、教師も思い出があれば語りたい。

先生：では、昔の道具や生活はどこに行って調べればいいの？

児童：はくぶつかんだ！

先生：行きたい人は？

児童：は〜い。

先生：よし、次の時間に行こう。

学習課題 No.34　かわってきたくらし②　見学2〜3時間

はくぶつかんで何をする？

▶**授業のねらい**——見学
　①古い展示物の中に先人の知恵を発見し、疑似体験を通して昔の生活の労苦を実感する。
　②関心をもった道具1つを選び、そのつくり方や使い方を調べて絵や文章で説明する。

▶**授業の展開**：1ではモノを見る視点を育て、2では自主的な活動から学びを生み出す。

▶**準備**：①ノートと筆記用具だけを持参。カメラは持たない。気づいたことはノートにメモ。
　②厚紙で「1つをスケッチ」のカードをつくっておく。
　③学芸員には、モノを見せて昔の人の知恵に気づかせたいことを話し、何らかの疑似体験をさせてもらえるよう依頼しておく。

1　**驚きと体感を第一に**——昔の人はすごいなあ
　　あいさつをしたら学芸員から説明を聞き、モノを例示して機能や構造を解説していただく。教師が行っても可。

　例えば提灯。灯りにろうそくを使うことは分かる。では、
①風で消えない工夫は？——外側に紙を貼って風を防ぐ。
②水にぬれて破れると困るね——油を塗って水をはじく。
③使わない時はどうするの？——たたむ。
④そのしくみは？——輪がいくつも重なっている。小➡大
　➡小の順で上から下へ。美しいカーブができる。
⑤輪の材料は？——細い竹の棒（竹ひご）。そこに紙を貼る。丸いのにどうやって？

　見過ごせばただの古びたモノ。しかし使い方やつくり方の「？」を探ると、そこに昔の人の知恵が見えてくる。触れるもよし。持つもよし。その時、ガラクタは「宝」に変わるのである。
　続いて体験をさせてはどうか。火打石を使う、天秤棒で水桶を運ぶ…等。照明のない時代・水道のない時代の労苦が少しは実感できる。
　終わったところで一度目の館内たんけんへ。学芸員さんに進んで道具の名や使い方を聞く子が増える。

2 配ったカードに「1つをスケッチ」──『全てをよく見ろ』と指示しない。

終わった子には「1つをスケッチ」のカードを配って二度目の見学へ。『自分が興味を持った道具を1つだけ選び、スケッチして使い方を書こう』(川崎かよ子氏の実践に基づく)『全てをよく見ろ』との指示は子どもにとって『何も見るな』と同義の場合がある。

「1つをスケッチ」するカードとは？ (米須清貴　沖縄県西原町)

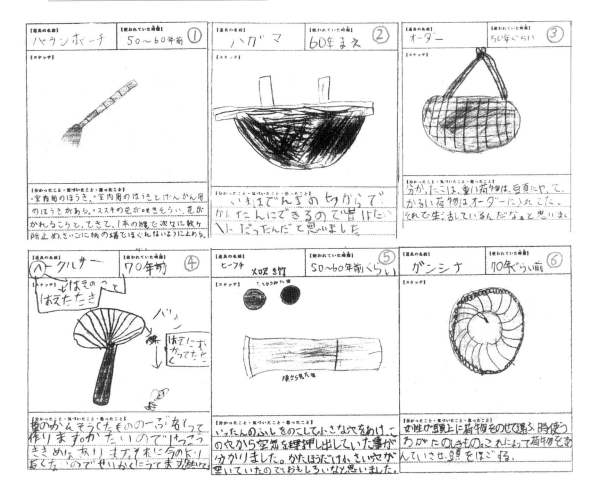

3 「みんなちがってみんないい」──提出されたカードのどこに着目するか

カードが提出されたら、よい点1つを必ず見いだす。例えば、①はつくり方と使い方の説明がていねい。②は昔と今を比べた。③はモノから生活を考えた。④ははたらきをイラストで説明して一目瞭然。⑤はモノを縦と横から見て図化。⑥は絵に立体感があり、女性という視点もユニーク。金子みすゞの言葉を借りれば、まさに「みんなちがってみんないい」。

こうしておくと、次時にカードを分類する際に全員を評価できる。それは子ども一人ひとりに自信を与える。また、仲間の学びを相互に評価する視点を彼らの中に育てていく。

学習課題 No.35 かわってきたくらし③

昔の道具をなかま分け

▶授業のねらい
①各自が調べた昔の道具の使い方を教え合い、提出したカードをみなで4つに分類する。
②気づきや感じたことを発表し、昔の農家ではどんな生活をしていたか関心を高める。

▶板書例①

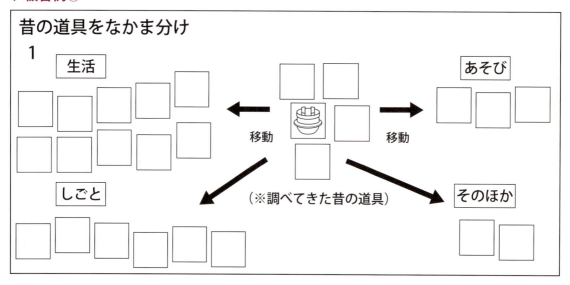

▶授業の展開：カードを示して寸評を加え、黒板への貼付・移動・取り外しで変化をつける。

1　何に関係するのかな？──調べてきた道具をなかま分け

先生：はくぶつかんで昔の道具を1つ調べてカードに書いたね。　　児童：は〜い。
　　──ここで、例えば羽釜(はがま)のカードを黒板の中央に貼る。
先生：では、この道具は次のどれに関係するかな？
　　──このように問いかけながら黒板の四方に、生活 しごと あそび そのほか と記した短冊を貼る。
児童：ご飯を炊く道具だから生活に関係する。　　──羽釜カードを生活の下へ移動する。
先生：次は5枚貼るよ。どんどんなかま分けしよう。

　できたらさらに枚数を増やし、全員のカードを分類する。道具の使い方が分からなければ調べた子に説明させて補説を加える。20分程度で、上にある板書例①の作業を終わりたい。カードの内容は筆記不要。

　各自が調べたさまざまなモノ（具体物）を、共通する概念でくくること（一般化）は社会を科学する第一歩である。なお、分類項目は子どものカードの傾向に沿って自由に変えてよい。

2　気づくことを出し合おう──発言を広げる

先生：なかま分けして気づくことは？

児童：生活の道具が多い。その次は仕事。みんな手や体を動かして使う。火吹き竹は口で。ガンシナは頭に置いてものをのせる。　──気づきがどんどん広がっていく。

先生：なるほど。道具の材料は何かな？　　児童：木。草。紙。竹。鉄もある。

　出た意見は例えば板書例②の２のようにまとめてノートさせる。あそび　そのほか のカードはここで外したい。

▶板書例②

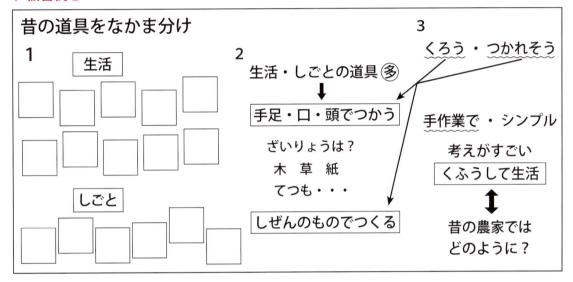

3　いちばん強く感じたことは？──昔の道具から昔の生活へ

先生：昔の道具を調べていちばん強く感じたことを、１つだけノートに書いて発表しよう。

児童：苦労して使っていた。疲れそうだった。使いやすくてシンプル。道具がかたくてじょうぶ。ほとんど手でつくっているからすごい。昔の人の考えがすごい。昔の人はいろいろ工夫して生活していた。

　──発言を要約し、例えば上の板書例3のように記す。

先生：ならば、昔の農家では誰がどんな道具を使ってどんな生活をしていたか。次の時間はそれを学ぼう。

　こうして、昔の道具から昔の生活へと学習をつなぐ。この単元では、**昔の道具を調べて終るのではなく、そこから昔の生活について学ぶことが最終の目標**である。

　祖父母と同居する子・地域の高齢者と顔見知りの子には、昔の生活や仕事の思い出を聞き書きさせ、人々のいとなみの変化に意識的に目を向けさせたい。

　カードは全部まとめて仮に綴じ、朝読書の時間等に回覧。学級名簿を添付してベストの作品と作者名・選んだ理由を記入させる。これも相互評価のひとつだ。終わったらバラバラにして掲示板に貼ろう。１か月過ぎたら外し、再び綴じて冊子としたい。

学習課題 No.36　かわってきたくらし④

昔の農家の生活は？

▶授業のねらい
①家族のそれぞれがどんな仕事をしていたかを読みとり、昔の農家の生活を理解する。
②昔の道具が今も使われていることに気づき、家にあるものを進んで調べてくる。

▶板書例

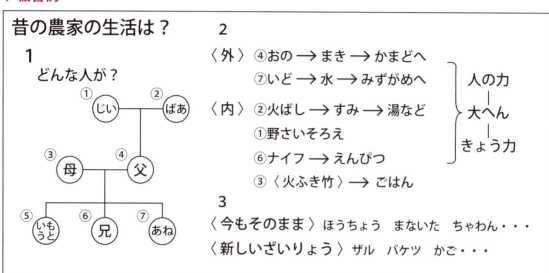

▶授業の展開：一部の子の活発さを全員活動につなぎ、昔と今の違いと関連に気づかせる。

1　手には何をもっているの？──視点を絞って情報を読みとる

　K社・T社・N社等の教科書には右のような大判の絵が載っている。

　1つの絵を2人で観察させて対話を活発にしたい。
先生：家族は何人？
児童：7人。
先生：どんな人がいるの？
　家族構成を挙げさせ、関係図を板書してさらに問う。
先生：この人たちは、手には何を持っているか。

　相談させ、ノートに書かせていく。道具の名前が分からなくとも使い方を予想させたい。

2　名前と使い方が分かるかな？──資料をつなげて生活全体の姿に迫る

6〜7分すぎたら発表。家の外から内へ以下の順でモノの名を挙げさせる。教師は──その道具で何をしているか、できた薪や汲んだ水は何に使うか──と問いをつなげていく。子どもと同一の絵を電子黒板等へ投影し、発言のたびに該当箇所を指し示して子どもの理解を助けたい。

≪外≫父（斧➡薪割り➡かまどのそばに置く・燃やす）・姉（井戸のレバー➡水汲み➡屋内の水がめに溜める・蓋とひしゃくに着目。溜めた水は何に使うか➡鉄瓶やお釜・炊飯に）
≪内≫祖母（火箸➡いろりへ炭入れ➡鍋の温め）・祖父（とった野菜➡揃えて束にする）・兄（ナイフ➡鉛筆削り➡勉強の準備）・母（火吹き竹➡ごはん焚き）

家族そろっての食事前のひと時であろう。「持つモノ」1つに視点を絞ることで、逆に他の道具や活動との関係性に目がひらけ、昔の農家の生活のとらえ方が広がる。無限定に何でも気づくことを言わせると、発表は一時活発になるが整理が追いつかず、活動が深い学習にまで高まらない。

キーワードは①人の力②大変さ③協力である。

火吹き竹は名前を知っていても実際に使ったことはないだろう。画用紙を丸めた筒を3〜4人に1つ与えて思い思いに使わせてみる。

筒を使えば息が拡散しない。ねらった場所に勢いよく当たることも実感できる。かんたんな道具で火を効率よく燃やす昔の知恵に気づかせ、言葉や文で説明させたい。

実際に筒や火ふき竹を使ってみると…

3　今も使っているモノは？──資料に○をつけて昔とのつながりに気づく

先生：今も使っているモノを見つけて○をつけよう。時間は5分。
──今度は1人に1つ資料を与えてはどうか。子どもが作業する間、教師は≪今もそのまま≫≪新しいざいりょう≫と板書する。最初は教師が指名。日ごろ目立たない子も発表させ、続いて自由な発表に移る。

≪今もそのまま≫　包丁・まな板・茶碗・はし・けん玉・はちまき・ゆたんぽ・・・
≪ざいりょうが変わる≫　ザル・バケツ・かご・おけ・たらい・・・（プラスチック）

──大画面を指示棒で指し、子どもが挙げたモノを確認していく。
先生：自分の家にも昔からのモノがない？　調べてノートに書いてこよう。
──「昔からの道具発見カード」をつくり配布しても可。併せて、次は洗濯をするのでハンカチ・靴下等の小物を1つ持ってくるよう指示をする。朝の会か次時の最初に、調べたこと・持ってきたものを発表させたい。

学習課題 No.37 かわってきたくらし⑤
せんたくにチャレンジ

▶**授業のねらい**
①今も使われる昔のモノを家で探してきて発表し、せんたく板をどう使うかを考える。
②せんたく体験を通して昔の手仕事の大変さを体で感じ取り、協力して後片づけを行う。

▶**板書例**——ノートには写さなくてよい。板書事項はあくまでも例示である。

```
せんたくにチャレンジ
1                          2                          ★分かったぞ！
 今もある昔からのモノは？      ①２人一組でせんたく         ・こしがいたい
   ①あそび                 ②８分でこうたい             ・うでがいたい
     お手玉　おはじき        ③水道の水ですすぎ、         ・つかれる
   ②くらし                   ひもにかけてほす           ・もうやりたくない
     ふろしき　うちわ        ④どうぐをかえしたら、       ・おもしろい
     かとりせんこう            ぬれたところを
   ③しごと                    ぞうきんでふきとる        ・昔はたいへん
     ？？？                                            ・昔でなくてよかった
```

▶**授業の展開**：1で10分・2で25分・3で10分くらいを目安。2時間扱いにしてもよい。

▶**準備**：①前もって用具の数を調べ、少なくともペアで作業できるようにする。
　　　　②授業前の休み時間に子どもを家庭科室に移動させる。朝のうちに学級委員に持ち物・席等を指示。

1　そうか！こんなものがあったのか——「今」の中にある「昔」に気づく
　先生：昔からあるものを持ってきた人・調べた人は発表しよう。
　——　希望者全員を前に出し、かんたんに発表させる。ふろしき・お手玉・蚊取り線香・うちわ…等。それらを①あそび②くらし（生活）③しごとの３つに仲間分け。仕事に関するものはおそらく少ない。そこに気づくこともまた大切ではないだろうか。

　自主的な調べ学習を大きく評価し、触発されて次時以降も発表者が続くようにしたい。

2　どうすればうまくできるかな？――昔のせんたくを体験する

先生：では、これはなあに？
　　――風呂敷に包んだ長方形の板を出す。上から触らせて、好きなように予想させてから、ふろしきから出す。

児童：やったー、せんたく板だ。

先生：どうやって使うのかな？
　　――活発に反応する。どちらが上か問題になるが答は言わない。

先生：使い方を考えてせんたくしよう。ルールはこれです。読んで分かったらペアで道具を借りに来よう。
　　――4つの注意を提示。たらい・せんたく板・カップ入りせんざいを渡し、作業を始めさせる。

1	2人1組でせんたく
2	8分でこうたい
3	水道の水ですすぎ、ひもにかけてほす
4	どうぐをかえしたら、ぬれたところをぞうきんでふきとる

≪注意事項≫
①ペアの組み方は事前に配慮しておく。
②机間巡視の際は、気になる子を要所で支援する。
③およそ8分後に「交代！」「やめ！」と指示を出す。
④みぞを凹型にして使っているペアにその理由を問う。
　液が真ん中にたまって汚れが落ちやすくなることに気づかせたい。周りのペアもそれに学んでいく。
⑤8分間でどれだけきれいにするか。時間は延ばさない。

　たらいにどれだけ水を入れるか。どういう姿勢をすれば板がグラグラしないか。せんたく初体験の子どもたちは、試行錯誤しながらしだいにコツをつかんでいく。

　「腰が痛い」「手がつかれる」…作業中の光るつぶやきを逃さない。板書して評価するとさらにつぶやきが増え、活動から学びが生まれてくる。

3　かたづけまでがしごとだよ――てきぱきと行うペアを響く声で褒める

――かたづけに入ったら、てきぱきと行うペアをすかさず褒める。

先生：○○さんたちは仕事を分けてやっているから早い。△△さんはたらいやせんたく板の水をぞうきんで全部ふき取った。

　早く終わったペアは必ず先生に報告に来させる。教師は作業した場所に行ってチェックする。

先生：①道具もきれい。②床も濡れていない。③ぞうきんもしぼってある。合格！
　　――ゆっくり他のペアに聞こえるように告げる。次は、終わった子に小さな声で言う。『誰を手伝ってあげる？』たいていはいちばん遅い人たちを助けに行く。さぼっている子がいれば、そばに行って具体的に注意したい。

学習課題 No.38 かわってきたくらし⑥

せんたく板とせんたくき

▶**授業のねらい**
　①手を使う昔のせんたくと機械を使う今のせんたくを比べ、違いを発表して学び合う。
　②せんたく板にこめられた昔の知恵に気づき、道具と生活の変化を多面的にとらえる。

▶**板書例**──記した発言はあくまでも例示。1の⇔はまとめの際に対比的に書き加える。

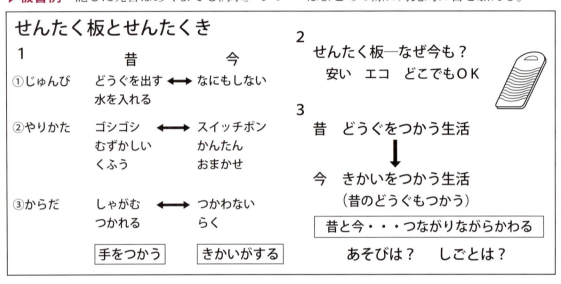

▶**授業の展開**：1と2は子どもの発表を中心に学び合い、3は教師主導で子どもの意見を活かす。

1　昔は手・今はきかい──せんたく板とせんたくきを比べよう

先生：せんたく板を使った感想は？
児童：大変。疲れた。おもしろかった。
先生：昔のせんたくと今のせんたくはどう違うの？
児童：せんたく板とせんたくき。
先生：では、昔と今のせんたくの違いを3つ書こう。
　──Ａ４半分の右のようなシートを個々に配布。隣と相談して記入させる。シートは後にノートに貼付。

	昔のせんたく	今のせんたく
①じゅんび	どうぐを出す 水をたらいに入れる	なにもしない
②やりかた	ゴシゴシ むずかしい くふう	スイッチポン かんたん おまかせ
③からだ	しゃがむ つかれる ぬれる	つかわない らく

　分からないところは抜かしてよい。5分たったら席を離れて聞きに行くことを認め、相互の学び合いをうながす。

2 せんたく板のせいぞろい──昔の道具をなぜ今も使うのか

先生：せんたく板は今も売っているかな？
　　──いる・いないと自由につぶやく。

　どちらに賛成か。全員に挙手をさせた後、百円均一等で買ったプラスチックやシリコン製の大小さまざまなせんたく板を次々に示す。（驚き、歓声）

　最後に、指にはめるタイプを紹介すると大いに受ける。入手できない時は右のような写真を提示。

先生：せんたく板はなぜ今も使われるの？
　　──間を数秒あけると頭の中にさまざまな考えが浮かぶ。

今も売っているさまざまなせんたく板／写真提供：米須清貴

先生：せんたく板には、せんたくきにないどんなよさがあるか。
　　──力強く投げかけると、子どもも勢いよく手を挙げる。

児童：安い。軽くて運びやすい。場所を取らない。電気がいらない。エコ。たくさん水を使わない。

　そのため、せんたく板は被災地で大活躍した。スポーツのユニフォームのしつこい汚れを落とすのに使う家もある。昔のモノはここでも今に生きていた。

3 生活はつながりながらかわる──子どものまとめから教師のまとめへ

先生：昔と今の違いをまとめよう。せんたくの道具は何から何に変わったか？

児童：せんたく板からせんたくきへ変わった。

先生：なるほど。それにつれて生活も変わってきたんだね。　児童：はい…。

先生：でも、せんたく板は今も使うんだよね？　児童：はい。

先生：あれ？　分からなくなってきたぞ…どういうこと？　昔の道具は今も使うの？　使わないの？
　　──少し近くの人と相談する時間を取ってから発表へ。

児童：だからあ、役に立つものは今も使う。役に立たないものは使わない。使うものもあるけど、使わなくなったものが多くなったから生活が変わってきた。
　　──教師が「まよう」と子どもがまとめてくれる。それを教師が整理すると押しつけにならない。

先生：そうか。先生にも分かったぞ。昔の道具のよいものを生かしながら、便利な機械を使うようになったから生活が変わってきたんだね。（まとめる）

児童：そうで〜す。（賛同）

先生：そこで、暑い時にはクーラーも使うけど昔からの道具も使う。　児童：うちわ。

先生：つまり、生活は昔に比べて変わってきたけど、昔と今の生活は…

児童：関係がある。つながっている。

　これらの点を板書3のようにまとめる。子どもは話を静かに聞いて板書事項を落ち着いてノートに書いていく。これが学習の基本である。

学習課題 No.39 かわってきたくらし⑦

時代のちがいをさぐる

▶**授業のねらい**
①時代によりせんたく機がどう変化したかを知り、生活や遊びの違いにも関心を広げる。
②どうすればさらに詳しく分かるかを考え、高齢者に聞いたり本で調べる意欲を育てる。

▶**板書例**──3ではとくに、子どもの発言に応じて板書内容を変化させたい。

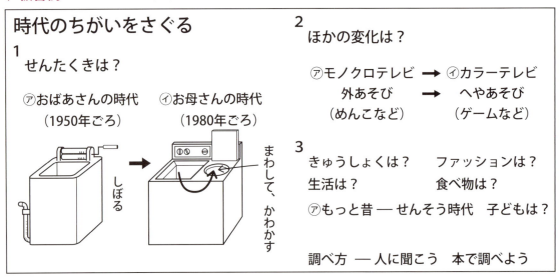

▶**授業の展開**：せんたく機の変化から時代の違いを考え、昔の各時代への関心を高めて調査につなぐ。

1　せんたく機も大ちがい──おばあさんの時代とお母さんの時代では？
　先生：おばあさんが子どものころ（時代）になると、せんたく板よりも何を多く使うようになるか？
　　──Ⓐを提示。やっぱりせんたく機だ。でも、今と違う等のつぶやきを受けてから。

Ⓐ

せんたく機を上から見た写真
Ⓑ
写真提供：富士通ゼネラル

先生：今とどこが違う？
　発表を受け、洗濯➡ホースでの水抜き➡新しい水入れ➡すすぎ➡ローラーで絞るというプロセスを補説する。
　さらに、ハンドルを回して洗濯物を1枚ずつ延ばすことが特に大変だ。乾きも悪いと補説。
先生：お母さんが子どもの時代になると…。──Ⓑを提示。
児童：入れる所が2つ。左で洗って右で

乾かす。
　　　右にあるドラムがぐるぐる回って水分を飛ばすのだ。
　先生：Ⓐと比べると？　　児童：便利　　先生：今は？
　児童：もっと便利。スイッチポン。全自動が主流となり乾燥機能付きも増えた。

2　他には何が変わったの？──生活や遊びの変化に目を広げる

　先生：昔と言っても、おばあさんの子ども時代＝1950年ごろ（㋐）とお母さんの子ども時代＝少し昔・1980年ごろ（㋑）では古さが？
　児童：違う。どんどん変わる。　　先生：それを「変化」と言います。
　先生：教科書の年表等を見よう。㋐と㋑で変化したものは他に何が？
　　かまど＆お釜から炊飯器へ、モノクロからカラーテレビへ等多くの変化が見つかる。㋐が電気機械を使い始めた時代だとすれば、㋑は使うのが当たり前になった時代であった。
　先生：では、子どもの遊びは㋐と㋑でどう変わったか？
　　まずは㋐。めんこ・ゴムとび等異年齢集団での外遊びが多い。次は㋑。テレビゲーム等部屋での少人数の遊びも増えてきた。
　　こうして、時代が進むとさまざまなモノが変化していくことに気づかせたい。

3　聞いてみよう・調べよう──もっと昔の時代もあった

　先生：おばあさんの時代はどんな給食か？
　　予想は出るが答えは「？」。
　先生：どうすれば分かる？　　児童：聞けばいい。
　先生：おばあさんがいない人は？　　児童：おじいさん。お年寄り。本で調べる。
　先生：他にも聞きたいことや調べたいことは？
　　学校生活・遊び道具・ファッション・食べ物等いろいろ出る。「昔の時代・調べカード」を配布して調査をよびかけ、発表とまとめにつなげたい。

昔の時代・調べカード　名前＿＿＿＿＿＿
①（　　　　　　　　　　　　　）について
②聞いた人・調べた本（　　　　　　　　）
③時代はいつごろ？（　　　　　　　　　）
《絵や文》

　　調べる期間は数日。その間は相談に来る児童にアドバイスし、疑問に答える。
　　司書さんに関連図書を揃えてもらうとさらに関心が高まる。
　①戦争中の時代を調べたい子がいれば、関連する国語教材とつなぐ。地域の高齢者を招き、当時の子どもの生活を聞かせたい。写真等を見せてもらえば、祖父母が生まれる前の時代がイメージできる。
　②武士の時代に関心を持つ子には身分や身なり・生活の違いを調べさせる。
　③調べたことは次時に班内で発表、代表1人を選ばせ全体発表へ。教師も数人を指名したい。

No.12 地域と子どもの実態に応じた学び
昔のぬり絵クイズをどう使うか
子どもと仕事の様子を知ろう

▶子どもの意見が分かれたら？—答えをすぐに教えない

　まだ歴史を学んでいない３年生には難しいクイズである。①「昔の子ども」で言えば、Ⓐ Ⓑどちらの方が昔か等と意見が分かれる。だが、教師が正解を言ったら子どもの探究心が育たない。

先生：本当はどちらの方が昔なのかな。どうすれば分かる？　——問いかける。
児童：おばあさんや家の人に聞く。ネットで調べる。図書室へ行く。
先生：すごいな。それぞれどれくらいの人がやるの？
　　——挙手させて確かめ、次の時間までに調べるように促す。
　その場ですぐに答えを教えず、疑問と答えの間を長くしたい。学ぶ力はそこから育つ。

▶**解答**

昔の子ども　ぬり絵クイズ
Ⓐ〈３〉・〔路上でメンコ・体を使って外遊び・丸坊主も刈上げの子も・下駄ばきも〕
Ⓑ〈２〉・〔戦争中・胸の布に名前住所血液型・防空頭巾を被り消火バケツを持つ〕
Ⓒ〈４〉・〔テレビゲーム・体を使わず室内遊び・お金がかかる・丸刈りなし・〕
Ⓓ〈１〉・〔着物にぞうり・水道がなく男子は水汲み・保育施設はなく女子が子守〕

昔のしごと　ぬり絵クイズ
Ⓐ〔牛と犂で田起こし。固くなった土を砕くと稲が育ちやすい。今は耕運機等で〕
Ⓑ〔田植え。苗を一本ずつ植える。屈むので腰に大きな負担。今は田植え機で楽〕
Ⓒ〔足踏み水車で田へ水入れ。分解して運んで組み立て。足が疲労。今はポンプで〕
Ⓓ〔稔った稲穂を千歯こきにかけて脱穀。足を踏ん張り腕の力で引くので疲れる〕
※他には、草取り・害虫退治・稲刈り・日干し等の作業がある。

▶まちの昔クイズをどう使うか—目を引く「モノ」を抽出してつくる

Ⓐ 馬頭観音　最初に怖い顔だけを電子黒板にアップ。「わおー」続いて全体を見せる。「馬もいる」「どこにあるの？」熱海市内にある馬頭観音だ。昔の戦で豊臣秀吉が村々から集めた馬を慰霊した。

Ⓑ 湯猪（ゆじし）　鼻➡顔➡全身を投影。動物には強い関心を示す。「知ってる〜」昔、猪が傷を癒したという伊東市の猪戸温泉の伝説に基づく。『行ってみないか』と投げかける。

Ⓒ 大楠　神社と巨木に着目。熱海市の来宮神社にあり、二千年以上生きているという。

Ⓓ 軽便鉄道のＳＬ　熱海駅前に展示。今の電車と対比させ近代の交通にも関心を高める。

　Ⓐ〜Ⓓの写真が載るシートは最後に配って答えを記入させ、気づいたことを余白に記入させる。子どもを引きつける昔の記念物はどの地域にもある。それらを活かしてこうした事前クイズをつくり、個や学級での「まちの昔さがし」の導入に使いたい。

昔の子ども　ぬり絵クイズ①　　名前

1　古い時代からじゅんに、1～4の番号を〈　〉に入れよう。

A 〈　　〉

B 〈　　〉

C 〈　　〉

D 〈　　〉

2　AからDの[　　]に気づいたことや知りたいことを書こう。

3　できた人は、教科書などを見て色をぬろう。

昔のしごと　ぬり絵クイズ②　　名前

1　何をしているのかな？分かること・思ったことを[　]に書こう。

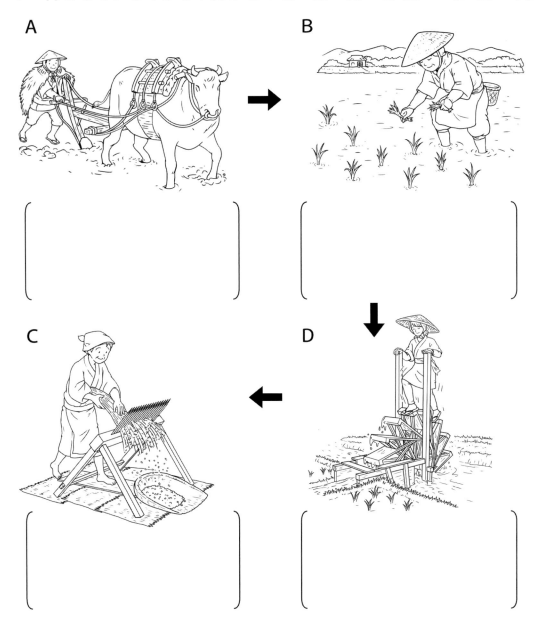

2　昔の米づくりでは、ほかにどんなしごとをしたのだろうか。
3　できた人は、教科書などを見て色をぬろう。

まちの昔クイズ　これなあに？　どこにあるの？

名前

学習課題 No.40　昔から今へ①

お祭りの「？」をさぐる

▶授業のねらい
①お祭りには楽しむ人以外に、盛り上げる人、準備する人がいることに気づく。
②お祭りに関係する人の仕事を考えて疑問を出し合い、どうやって調べるかを考える。

▶板書例

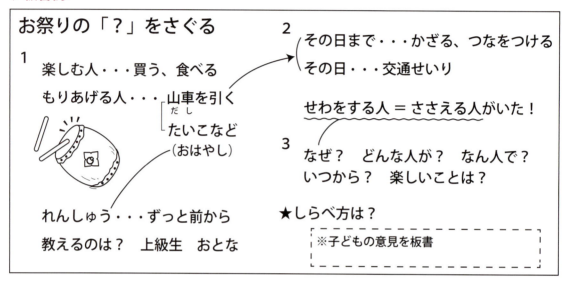

▶授業の展開：体験を引き出し、お祭りを支えている人の存在に気づかせて調査につなげる。

1　自分の町内のお祭りは？──行事を支える人に目を向ける
　　──木の棒を1本示す。反応を受け、黙って2本目の棒を提示する。実物がなければⒶの画像を順次提示。
児童：バチだ。たいこをたたく。
　　──ここも黙ってうなずいた後、Ⓑを投影する。
児童：笛も吹いている。お祭りだ。

先生：では、お祭りと言えば…。
　　──つぶやきから発表へ。自分の町内のお祭りで自慢したいことも出させる。発言は次の2つの方向に整理したい。
　①楽しむ──夜店で買い物・綿あめ・金魚すくい…。
　②盛り上げる──山車を引く・たいこをたたく…。
先生：たいこや笛・鉦等をやったことのある人は？
　　──体験の発表。辛かったことや楽しかったことを発表。でも、来年もやりたいという子が多い。

先生：おはやしの練習を調べた作文を
　　　読んで分かることを言おう。
　——気づくことを発表。

　子どもだけでは練習できないこと、教えてくれる大人がいなければおはやしが出来ず、楽しいお祭が成り立たないことに気づかせたい。

Ⓒ　今日の夜8時。おはやしの練習を見に行きました。おじさんが5人・子どもが12人、たいこやかねやふえを練習していました。
　おじさんはタオルを首にかけてまっかな顔をしてあせをふきながら教えていました。
　おはやしを聞いてうきうきしてきました。このおじさんやお兄ちゃんがいっしょうけんめいやるからおまつりが楽しくなるんだなあ。

2　山車を動かす——支える人は他にも

先生：お祭りには、おはやしの他に何が必要か。
　——つぶやきを受けてⒹを投影する。
先生：山車がまちを廻るからお祭になる。そのため、
　　　①前の日までに山車にどんな準備をするの？
　　　②動かす時にはどんな係の人がいるの？
①前の日までに——引き綱をつける・花をかざる等。
②動かす時の係——指揮者、交通整理、マイク、合図灯、提灯、無線等。

　ここでも大勢の人が祭を支えていることが分かる。

Ⓓ

先生：準備や世話をする人はお金をもらえるね？
児童：もらえない。
先生：やるのは今年だけ？　　児童：毎年やる。
先生：大人になったらやりたい人は？　——何人かが挙手。
先生：でも、やっている大人は多いね。なぜかなあ？　——関心を膨らませる。

3　できる子から動き出す——「これは」と思う人とつながろう

先生：先生には分からない。あきらめようか。　　児童：だめ。聞けばいい。
先生：では、お祭りを支えている人に聞きたいことは？
　——班等で相談➡発表へ。発言は次のように整理する。

・お金をもらえないのになぜお祭りの世話をするの？　・どんな人が何人でやっているの？
・楽しいことや大変なことは？　・いつからやっているの？　・なぜやるの？

先生：誰に聞こうか。
　おはやしを教わった人・近所の人・家の人の知り合いでお祭りに詳しい人等…。2・3人で行っても可。お祭り記者カードを渡して書いてくるように言う。
　全員が一斉に動かなくてもよい。「聞く」体験をクラスに積み上げることが大切だ。教師は、答えてくれた人のうち「これは」と思う人に連絡してお礼を言う。ここで知り合うことが、次に伝統行事を学習する際の人脈として役立っていく。

学習課題 No.41　昔から今へ②

でんとう行事のなぞ

▶**授業のねらい**
①発表をみなで学び合い、お祭りに関わる「？」を自分たちで調べたことに自信を持つ。
②地域の伝統行事と出会い、多くの謎を見つけてゲストティーチャーとの対話につなぐ。

▶**板書例**──本時の場合、タイトルは1の学習の最後に記すようにしたい。

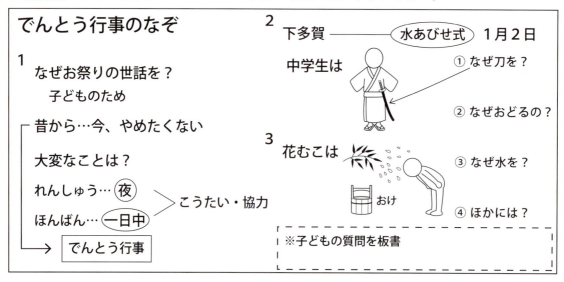

▶**授業の展開**：子どもの発表を意味づけてまとめ、昔からのでんとう行事に「？」を感じるよう資料と出会わせる。

1　社会科はみんなの力でやるものだ──発表をつないで評価する
　お祭りについて聞いてきたことはノートに書いて提出。帰りの会等で順次発表させる。
①**評価と称揚が大切**。
　　やってこない子を怒らず、やってきた子を褒める。進んで調べてきたことなので、必ずよい点がある。文章の長短は問わない。『○○のヒミツを調べたＡさん。自分から調べたことがすごい。後に続く人はいるかな？』と投げかけ、「では、私も」と意欲をそそる。学級だよりに掲載し、保護者に周知してもよい。
②**本時の冒頭では個々の子どもに発表させ、鎖のようにつなげていく**。
　　『Ｂさんは、お祭りを世話する人に理由を聞いた。子どもが楽しみにしているから・昔からやっているので続けたいから。そうだったね？』「はい」『その苦労を聞いたのがＣくんだ。大変だから７人が交代でたいこを教える。お祭りの日も20人以上が仕事を休むんだね。』「そうです」『ここでＤさんは、昔からそういう努力が何百年も続いてきたことを調べた。』「ハイ」『こうやってみんなの力でやるのが社会科だ。』（例）
③「行事」という言葉でくくる。

先生：お祭りのように繰り返し行うイベントを…。

　　──行事と板書。読みを確認してから。

先生：ぎょうじです。古くから伝わる行事をでんとう行事と言います。

2　刀を差した中学生──でんとう行事の「？」と出会う

先生：お祭りの他に、私たちのまちにはどんなでんとう行事があるか。

　　盆踊り等いろいろ出る。無形文化財の行事等を次のように取り上げたい。例えば熱海市では、下多賀神社の水浴びせ式。

先生：下多賀神社では、毎年1月2日に水浴びせ式というでんとう行事をする。見た人は？

　　──子どもに投げかけ、学習問題との接点をつくる。

先生：そのでんとう行事に出る中学生の身なりや持ち物は？

Ⓐ

　　──予想を発表➡Ⓐを大きく投影。

　　着物に角帯を締めて足袋と草履。刀を差して踊っていることに驚いて謎が生まれる。

　　①のなぞ「大人ではなく、なぜ中学生が刀を差すの？」②のなぞ「大人ではなく、なぜ中学生が躍るの？」

　　ただ写真を見せても子どもはゆさぶられない。「？」がわき起こるように資料と出会わせる。

　　自分なりの予想があれば発表。教師はもちろん正解を教えない。

3　3つのなぞの答えとは？──ゲストティーチャーへの期待を高める

先生：では、前の年に結婚した花婿さんは、この式で偉い人から何をしてもらうか？　──予想➡Ⓑを提示。

Ⓑ

児童：頭を下げて何かしてもらっている。偉い人が草みたいなものを手に持っている。分かった。水をかけている。だから水浴びせだ！

先生：大正解。

　　③のなぞ「なぜ水をかけるの？」画像の読み取りから対話を育むと新たな「？」も生まれる。

先生：神社でやっていることは誰に聞けばいい？　　児童：神主さん。

先生：では、教室に呼ぼうか。

　　ゲストティーチャーの招聘にこうしてつなぐ。他にも聞きたいことを出させたい。

　地域の伝統行事をただ紹介しても子どもは「ああ、そうなの」と思うだけ。平板な観光案内を謎のあるドラマに変えるにはどうするか。そのヒントをこの実践から探りたい。

学習課題	昔から今へ③
No.42	

話を聞いてなぞをとく

▶授業のねらい
①自分の疑問を解くため意欲的に講師の話を聞き、伝統行事に込められた意味に気づく。
②進んで質問してさらに知識を深め、感じたこと学んだことをまとめて適切に表現する。

▶授業の展開：ゲストティーチャーに教師の意図を理解してもらい、どれだけ子どもの関心に沿って話していただけるかが勝負。

▶準備：
①神主さんや保存会の人等に連絡を取る。電話で済ませず、必ず訪問してゲストティーチャーとしてお招きする趣旨を伝える。お祭り調べの際に知り合った人に仲介してもらってもよい。老人会の会長・ＰＴＡ会長等に相談する場合もある。
②クラス数が多い場合は学年団で早めに相談。複数の人に依頼することもある。
③子どもの疑問を紙に記して伝え、関連して話をしていただけるかどうか相談する。次ページ参照。できる範囲で協力してもらえればよい。話す時間は30分くらい。
④使う道具等、さしつかえなければ実物を持って来ていただくとイメージが湧く。
⑤管理者とも相談しておき、当日の送迎の方法を確認する。
⑥始めの言葉・お礼の言葉を言う子を決めておく。質問もいくつか用意させたい。
⑦事後に送付できるよう、感想記入用のシートを用意しておく。

1　ゲストティーチャーの話を聞く――メモを取れるかな？

　あいさつ・はじめの言葉の後に教師がゲストティーチャーを紹介し、このクラスのためにわざわざ来ていただいたことを告げる。ノートにメモすることを勧めるが無理強いはしない。子どもによってはかえって話に集中しにくくなる。

2　知りたいことをさらに質問――その場の思いつきも大歓迎

　まず『質問がある人は？』と問いかける。挙手者が5人いればその名前を頭に入れておき、ゲストティーチャーとの間で次々応答させていく。いちいち『他には？』『他には？』と聞いて挙手させていくより効率的だ。一区切りついたところで、さらに質問がないか聞いてみよう。

3　まとめと感想――お礼の言葉はアドリブで

　教師は数人を指名して感想を言わせる。目を見た時に見返してくる子はたいてい言える。お礼の言葉は最初と最後に言うことだけを決めておいてあとはアドリブ。信頼できる子に頼んでおく。

神主さんの話、または下多賀神社水浴びせ踊り保存会のおじさんの話。

≪①と②のなぞに答える≫
中学生はなぜ刀をさしておどるのでしょうか。

　昔は15さいになると大人のなかま入りをゆるされました。さむらいの子は「元服」（げんぷく）という式を行います。下多賀等の村の少年は、「若衆組」（わかしゅうぐみ）というグループ（今の青年団）に入りました。水浴びせ式はそのなかま入りの場でもあったのです。角帯をしめて刀をさすのは「大人になったぞ」というしるしでした。

　新入りの少年たちは「小若」（こわか）とよばれるようになります。その最初の仕事が水あびせ式で輪になっておどることでした。

　15さいといえば今の中学2年生から3年生。そこで、今も昔からのやり方を守って刀をさしておどりをおどるのです。

≪③のなぞに答える≫
なぜ花むこは水をかけられるのでしょうか。

　えらい人がかけるのはただの水ではありません。下多賀神社の前の海からくんできた新しいお水で、神様にきよめられています。それをささの葉につけてふりかけるのです。

　今も、すもうやおそうしきの時に清めのしおをまきます。たなばたではねがいをたんざくに書きささの葉につけます。しおやささに特別な力があると考えていたからです。

　花むこはそういうとくべつな水をかけてもらい、村を代表する人からけっこんをいわってもらったのです。今はそういうことはせず、けっこん式をするようになりました。

　昔からつたわるでんとう行事の意味を知って、これからも大切にしてください。

▶事後の指導

①教師のお礼状と子どもの感想を共に送る。直接持参すると応答の中で貴重な意見も聞ける。
②あるいは、話を聞いて思ったことを**はがき新聞**に短時間で小さくまとめさせる。集めてコピーをとった後に投函する。送った後にお礼に行きたい。

▶学習の発展

　地域や家の人の話を聞き、郷土読本等でも市内各地に残る伝統行事を調べる。人々が伝統行事を大切にしている理由を考え学び合う。その中で、右のように進んで調べる子も生まれてくる。

◎多賀神社ではあま酒やお酒をおまいりする人にあげます。けいだいでは火をたいてあたります。人や家を1年間守ってくれたお守りを火に入れます。
　けいとくいんではじょやのかねをつく前に、おしょうさんに1年間のお礼と新年のあいさつをします。
◎夏の神様にもお正月の神様にも、いろいろな神様がいることをひいおばあちゃんに聞いて勉強しました。

学習課題 No.43　昔から今へ④　※3時間扱い

地いきの宝を見つけよう

▶授業のねらい
①まちを歩いてさまざまな所にそれぞれの「昔」を発見し、マップやノートに記録する。
②ノートを開いてこれまでの学習をふりかえり、地域のいちばんの宝は何かを学び合う。

▶授業の展開：
まちで「昔」を探し、ノートで「今」の市の学習をふりかえった上で、地域の宝は何かを考えさせる。

1　こんなところにお宝が──見つけた「昔」をマップに記入

「まちの昔クイズ」（P132参照）等で関心を高めたら、マップとノートをもたせてまちの「昔」探しに出かけよう。神社・お寺・小さなお稲荷さん・記念碑等があれば、あらかじめコースに組み込んでおく。メジャーは班に1つ程度用意。

現在使われている施設の前を通り過ぎると、以前の学習も思い出す。「昔」の隣りに「今」がある。それが私たちのまちなのだ。

「昔」を見つけたらすぐマップに記入。撮影はしない。大切だと思えばかんたんにノートにスケッチさせて観察力を高める。大きさが知りたければ、メジャーで測ればよい。

2　社会科でどんな勉強をしたのかな？──学習ノートを読み返す

教室に帰ったらマップはノートに貼る。終わったら、自分のノートをはじめから読み返させる。いつどんな勉強をしてきたか。教師も補説を加え、対話を通してこの1年間の学習内容を想起させていく。

> 学校の周りのたんけん➡市内のようす➡市ではたらく人たち・買い物の工夫・他とのつながり➡昔の生活や昔からの行事

子どもたちは、自分のくらしているところと市内のありさまやさまざまな仕事・今と昔の生活や行事等を学んできたことに気づくであろう。

3　地いきでいちばんの「宝」とは？－みんなの思いを学び合う

ここで、自分たちのくらしている場所を「地いき」とよぶことを押さえる。学区も市内のあちこちも、そこが自分たちの生活しているところだと思えば全て「地いき」だ。

『では、1年間勉強した中で君たちが見つけた、地いきでいちばんの「宝」は何か』

たんざくを各自に配布してサインペンで記入させる。できた順に黒板に貼付。それぞれがこの1年間の学習でどんな「宝」を地いきに見つけたかを学び合わせたい。（2時間扱いにして、ゆっくり学習してもよい）

▶子どもたちが考えた地いきの宝（記入例）

- 子しかや曲金（まがりかね）の人たちが昔子どものころ遊んでいた時のえがお
- 地いきの人に大切にされて、子どもも楽しく遊べる軍神社
- 杉山もち店で昔から大切にされているもちつきき
- みんなが楽しく遊んでいたしぜんがいっぱいの山や川
- 切りたおされても切りかぶでのこった天白松
- せんそうのあとともあきらめずにがんばった土屋さん
- いろいろなあじのパンがある豊月堂
- 地いきで大切にされているきつねがさきのお地ぞうさん
- 昔から続いて今もやっている軍神社の花火
- すずきさんの子どものころいろいろ考えをくふうしていたこと
- とく川家やすの願い事をかなえたタケミカズチノミコト
- みんなの思い出いっぱいの西豊田小学校

（増田敦子　静岡県静岡市）

　特色あるお店・歴史や行事。また、今に残された自然やたくましく生きてきた人々の姿に子どもは地域の「宝」を見つけている。

　小学4年生の社会科では、こうした思いをふまえて地域社会の目に見えないしくみ（安全や水道等）やなりたち（先人のはたらき）・県内の多様な地域社会の違いや特色を学習していく。

加藤 好一（かとう よしかず）

1949年伊東生まれ。県立伊東高校を経て、中央大学法学部政治学科に進学。卒業後は私立明星学園高校に講師として1年間勤めた後、公立小中学校教諭となる。千葉県我孫子市で4年間小学校に勤務、その後は熱海に転じて第一小・多賀小・小嵐中・網代中・多賀中・泉中などで教鞭をとる。2006年度より再び多賀中に勤務して、2008年3月に定年退職。同年4月より琉球大学に勤務する。2014年3月に同大教育学部を退官。

〒414-0054　静岡県伊東市鎌田643-1
E-mail: ykato.izu@gmail.com

◎主な著作・論述は以下の通り。
〈教育関係〉
『社会科の授業小学5年』『社会科の授業 小学6年』『中学歴史5分間ミニテスト』『中学地理5分間ミニテスト』『中学公民5分間ミニテスト』『中学歴史の授業』『中学公民の授業』『中学地理の授業』『学級経営攻略法』（共著）以上民衆社、『歴史授業プリント』上下2巻『新・公民授業プリント』『新・世界地理授業プリント』『新・日本地理授業プリント』『学びあう社会科授業』上中下3巻『やってみました地図活用授業』（編著）『自己肯定観を育てる道徳の授業』（編著）『探求を生む歴史の授業』上巻『学校史で学ぶ日本近現代史』（共著）―韓国においても翻訳出版、以上地歴社、『トライアングル―教師保護者生徒をつなぐ指導と支援』『若い教師の実践ハンドブック』琉球大学
〈地域史関係〉
『再発見丹那トンネル』『再発見熱海市民の近代史』『謎解き発見熱海の歴史』（以上自費出版）『ほっと　ふるさと』（ＪＡあいら伊豆）『伊東市史近現代史史料編I』『同史料編II』（共編伊東市教委）

実践協力

儀間奏子	沖縄県与那原町
崎濱陽子	沖縄県うるま市
茶田敏明	静岡県熱海市
豊泉暢子	静岡県静岡市
増田敦子	静岡県静岡市
宮村和秀	静岡県伊東市
米須清貴	沖縄県西原町

STAFF
ディレクション：CREARE 小堀眞由美
イラスト：CREARE 五十川栄一、堀内裕矢、施翱宇

社会科の授業　小学3年

2018年3月20日　初版第1刷発行

著　者　加藤　好一
発行人　沢田健太郎
発行所　株式会社民衆社　〒113-0033　東京都文京区本郷4-5-9 ダイアパレス真砂901
　　　　　　　　　　電話03（3815）8141　FAX03（3815）8144
　　　　　　　　　　ホームページアドレス　http://www.minshusha.jp
印刷・製本　新星社西川印刷株式会社

ISBN978-4-8383-1054-8